JN485027

성공적인 취업을 위한

진로 계획과 이미지 메이킹

임진이 · 양종국 공저

학지사

"이 책은 2011년도 교육과학기술부의 전문대학 교육역량 강화사업으로 출간되었음."

청각장애인을 위한 수화 동영상은 '한국재활복지대학 장애인능력개발원(http://support.hanrw.ac.kr)' 과 학지사(http://hakjisa.co.kr) 자료실에서도 보실 수 있습니다.

들어가는 말

기업의 일원으로 근무하다가, 대학에서 학생들과 함께 울고 웃고 한 지 벌써 10년이 되었다. 너무나도 빠르게 흘러간 시간 속에서 어려운 문제를 함께 해결한 후 웃음을 찾는 학생들을 보면서 뿌듯함을 느낀 적도 있었지만, 학업을 마치고 사회에 첫발을 내딛는 학생들을 보면 답답함과 애절함이 함께 밀려온다.

지금까지도 해결하기 가장 어려운 문제는 학생들의 취업이다. '몇 십 대 일'의 서류 전형을 통과하였다고 하더라도 면접에서 번번이 떨어지는 아픔을 겪는 것을 보면서, 학생들에게 취업에 조금이라도 도움을 주고자 2년 전부터 대학에서 '취업 면접을 위한 이미지 메이킹' 시간을 마련하였다. 이를 통해 학생들에게 면접 시 단정하게 정장을 입는 방법, 정중하게 인사하는 방법, 당당하게 걷는 방법, 예쁘게 화장하는 방법 등을 가르치게 되었다.

학생들은 처음에는 큰 기대 없이 수업을 듣다가 점차 달라지는 자신을 보면서 놀라기도 하였다. 자신감이 생기고 당당하게 면접 준비를 하는 학생들을 보면서 그들에게 작은 도움이나마 줄 수 있다는 믿음이 생기게 되어, 성공적인 취업에 필요한 긍정적인 사고 및 자신감 회복에 중점을 두고 이 책을 구성하게 되었다.

특히 대학생 중에서도 어려운 가정 형편으로 문화적 혜택을 경험하지 못하는 학생, 이미지 메이킹이 무엇인지도 모르는 학생, 자신의 장애 때문에 취업 자체를 두려워하는 학생들에게 초점을 두고 접근하였다. 또한 이 책에서는 그들의 취업에 적극적인 도움을 주고자 기존의 이미지 메이킹이나 취업 및 진로 계획 교재와 다르게 유니버설 디자인 차원에서 접근해 보고자 하였다.

첫째, 책의 내용을 쉽게 이해할 수 있도록 가능한 한 그림을 많이 수록하였고, 자세한 설명으로 자기 이미지 메이킹이 가능하도록 하였다.

둘째, 청각장애인이 책의 내용을 정확히 이해하기 위해서는 수화 동영상이 필요하므로 QR 코드를 삽입하였다. 특히 스마트폰이나 컴퓨터를 통해 동영상을 즉석에서 확인 가능하도록 하였다.

셋째, 시각장애인을 위하여 모든 페이지 상단에 보이스아이 심벌을 삽입하여 읽을 수 있도록 하였으며, 약시를 위하여 가독성을 높일 수 있는 큰 글자 크기와 활자체를 선택하였다.

이 책의 구성은 LG 패션에서 비주얼머천다이징팀 실장으로 근무하면서 10여 년 동안 수천 개의 마네킹 및 모델에 코디네이트한 경험, 패션 트렌드에 따른 이미지 메이킹 전략을 계획한 경험, 다양한 학생에게 취업 및 진로 상담을 한 경험, 기업체 및 공공기관의 면접관으로 참여한 경험, 노동부 취업 담당자들에게 진로상담 기법을 강의한 경험, 15년 동안 한양대학교에서 일반 학생들의 취업을 위한 면접 의상에 대한 강의를 하면서 학생들이 궁금해하는 내용과 국립한국재활복지대학에서 장애 학생들을 위한 이미지 메이킹 수업을 진행하면서 느낀 점을 중심으로 서술하였다. 끝으로 자료를 제공해 주신 LG 패션 TNGT 담당자에게도 감사 드린다.

오늘날 양극화된 사회 문제를 해결하기 위해 우리나라는 복지적 모델로 접근하고 있다. 그런데 저자가 느끼기에 가장 큰 복지는 학생들이 학교를 졸업한 뒤에 차별 없이 원하는 직장에 들어가 열심히 일하면서 미래에 대한 원대한 꿈을 꾸는 것이 가능한 것이다. 장애인이기 때문에 특별한 혜택을 받는 것을 원하지 않는다. 장애를 가지고 있는 것이 더 이상 불편하지 않는 사회, 장애인도 사회의 한 구성원으로서 떳떳하게 경제 활동을 하면서 행복하게 살아갈 수 있는 사회가 되기를 오늘도 바라고 있다.

2012년 이미지 메이킹실에서

추천의 글 1

세상에는 다양한 책이 있다. 그중 많은 책이 자신의 전공을 활용하여 독자들이 일상생활을 하면서 보다 높은 수준의 행동을 하는 데 도움을 주고 있다. 그리고 일부 책들은 독자들에게 감명을 준다. 임진이 교수의 『성공적인 취업을 위한 진로 계획과 이미지 메이킹』을 읽고 느낀 점은 우선 따뜻함과 감명이었다. 장애인은 일반인과 다소 차이가 있을 뿐이라고 생각하면서도 우리나라에서 그들에 대한 시선은 곱지 않다. 임진이 교수는 우선 그들을 보는 시선이 따뜻하다. 그리고 일반인과 다소 다른 주눅 들기 쉬운 장애인에게 '너희도 할 수 있다.' 는 용기와 '이렇게 해 보세요.' 라는 지침을 주고 있다.

어머니의 따뜻한 시선과 전문가의 프로페셔널한 노력이 결집된 이 책은 세상에 처음 존재하는 값진 책이 될 것이다. 아무쪼록 임 교수가 용기 있게 주장하는, 주눅 들지 않고 행복을 지향하는 장애인의 삶을 위한 제안들이 읽히고 시도되어 장애인의 삶의 질을 높이는 데 기여하길 간절히 바란다. 그리고 이런 사회가 우리 모두가 꿈꾸는 복지사회의 최첨단형이 아닐까 하는 생각을 하게 된다. 책이 주는 따뜻한 메시지가 기분 좋은 새로운 출발점이 되는 것 같아 더욱 기쁘다. 저자들의 이미지 메이킹에 대한 프로페셔널한 자신감과 어머니와 같이 따뜻한 손길이 장애인에게 '주눅 들지 않는 삶'을 위한 안내서 같은 역할을 하기를 기대한다. 이런 의미에서 부디 이 책이 많은 사람의 인구에 회자되기를 기대한다. 그리고 장애인은 물론 첨단형 복지국가를 꿈꾸는 모든 이에게 이 책의 일독을 추천하는 바다.

한양대학교 경상대학 경제학부 교수

김재원

추천의 글 2

임진이 교수와는 일과 직업으로 연을 맺은 지 14년이란 세월이 지난 지금, 『진로 계획과 이미지 메이킹』이라는 책이 출간된다는 말을 듣고 너무도 반가웠다. 우리의 인생을 세 시기로 나누어 볼 때, 첫 번째는 삶의 기초를 닦는 배움의 시간이 있고, 두 번째는 사회에 입직하여 배운 것을 써 먹고 사회에 환원하는 시기이며, 세 번째는 인생의 완성을 위해 그동안의 배움을 되돌려 주는 시기라고 할 수 있다.

사회에 첫발을 딛기 위해 무엇을 갖추어야 하고, 마음의 준비는 어떻게 해야 하는지 등은 학교에서의 배움만으로는 부족하다. 그래서 사회에 먼저 발을 디딘 선배들의 경험과 조언들이 중요한 것이다. 하물며 장애를 가진 후배들의 경우 더 많은 걱정과 두려움을 갖는 것은 어쩌면 당연한 일인지 모른다. 이런 점에 착안하여 장애인에게 도움을 주려는 임 교수의 생각은 추운 겨울을 이겨 내는 매화의 향기만큼이나 값지고 아름답다.

오늘의 시대는 통칭 디지털 혁명의 시대라고 한다. 아날로그 시대의 경험적이고 물질적인 중후한 가치가 지배하던 때와 달리 디지털 시대는 아름답고 부드러우며 변화무쌍한 가치가

지배하는 시대가 되었다. 아날로그 시대의 우리나라는 후진국의 언저리에서 헤어나지 못하였다. 그러나 지금 디지털 시대의 우리는 IT분야에서 최강의 자리에 군림하고 있고, 문화에 있어서도 K-POP이 문명의 근원지인 유럽에서 남미에 이르기까지 세계 곳곳에 있는 젊은이들의 열정을 사로잡고 있는 실정이다. 이러한 환경은 우리의 지난날이 너무도 어려웠고, 이를 이겨내려는 선배들의 불굴의 의지와 각고의 결과라고 할 수 있다. 아무것도 가진 것 없이 어려움을 이겨 내려는 꿈과 노력의 결실이라고 할 수 있다. 어떻게 이 웅대한 꿈을 이룰 수 있었을까? 가진 것 없고 척박하기 때문에 끝없이 노력하고 미래를 준비한 결과가 있었기에 가능하지 않았을까?

오늘 이 글에서 꼭 말하고 싶은 것은, 가진 것이 많은 것보다는 비록 당장은 가진 것이 없더라도 갖고자 하는 바가 많을수록 값지다는 말이다. 여러분은 비록 장애를 갖고 있지만, 그 장애가 여러분에게 동기를 부여해 주고 더 많은 가치를 갖도록 해 준다는 것이다. 변화의 시대, 격동의 세계 속에서 장애를 극복해 내고 여러분의 열정이 불타오르기를 기원한다.

차병원그룹 사장 안승준

(前 삼성전자 인재개발원장)

차 례

■ Part 01

Part 02
신입 사원 이미지 메이킹_ 58

Part 03
면접을 위한 남성 정장_ 96

Part 04
면접을 위한 여성 정장_ 150

Part 05
색채, 메이크업 및 헤어스타일 연출_ 180

Part 06
액세서리의 활용은 멋쟁이_ 214

Part 01

신입 사원이 되기 위한 관점의 변화

1
자기 이해와 수용하기

학생들이 직장을 구하기 위해서 가장 먼저 해야 할 일은 자기를 객관적으로 이해하는 것이다. 자기를 객관적으로 이해하려 하지도 않고 친구들이 대기업 또는 공사에 입사하거나 공무원, 교사 등을 한다고 하니 자신도 대기업이나 공무원 준비를 할까부터 생각하는 학생들이 종종 있다. 특히 장애 학생들은 자신의 능력이나 태도 등의 특성을 제대로 이해하지 않고 동료를 따라 하려 하거나, 자신의 특성을 무시하고 가족 또는 주위 사람들의 권유에 따라 의사를 결정하는 경우가 많다. 이러한 경우에 대부분의 사람은 자신에게 알맞은 직장을 갖는 데 어려움을 느끼거나 직장에 들어가도 후회하는 경우가 많다.

자신을 타인과 비교하지 않고 객관적으로 이해하기 위해서는 지적인 능력(지능), 특수 능력(적성), 흥미, 성격, 가치관 등을 알아보는 것이 중요하다. 자신의 능력과 태도를 이해하기 위한 방법으로 심리검사나 상담, 자기 성찰 등을 활용하여 알아볼 수 있다. 관련 검사를 서비스하는 공공기관으로는 고용노동부와 한국직업능력개발원 등이 있다. 고용노동부 워크넷(www.work.go.kr)에서 취업상담 지원의 직업심리검사나 혹은 한국직업능력개발원 커리어넷(www.career.go.kr)의 검사를 실시하면 그 결과를 바로 출력해서 알아볼 수 있다. 또한 대학생들은 교내 학생생활상담소에서 각종 심리검사를 무료로 받아 볼 수 있다. 이 외에도 전문가에게 상담하면서 자신의 특성을 객관적으로 이해할 수 있도록 유료로 심리검사를 서비스해 주는 한국행동심리연구소, 한국가이던스, 학지사 심리검사연구소 등 다양한 연구소가 있으므로, 학생들은 빠른 시간 내에 자신을 객관적으로 이해하는 것이 중요하다.

장애인의 경우에는 한국장애인고용공단(www.kead.or.kr)에 접속한 후 사업 안내의 장애인지원에 들어가면 직업능력평가와 온라인 직업심리검사가 제공되어 있다. 온라인 직업심리검사의 장애인용 구직욕구진단검사, 자기개념검사, 직업기능탐색검사, 그림직업흥미검사 등의 검사를 실시해 보는 것이 좋다.

자신을 객관적으로 이해한다는 것은 자기 수용을 하는 계기가 되며, 이를 통해서 작은 변화가 일어나기 시작한다. 자신을 제대로 이해하지 못하거나 수용하지 못하고 타인의 시선과 의견에 휩싸여 의사결정을 하게 되고, 이로 인해 행복하지 않은 직장 생활을 하거나 실업자로 전락하는 경우를 우리는 주위에서 쉽게 접할 수 있다. 신입 사원이 되기 위해서는 무엇보다 자신을 객관적으로 이해하고 수용하는 것이 필요하다. 특히 장애 학생들은 자신의 장애와 특성을 객관적으로 이해하고 수용하는 것이 선행되어야 한다.

다음 '자신의 특성을 이해하고 수용하기' 예시와 같이 직업과 관련된 자신의 기본적인 능력과 태도를 작성해 보기 바란다.

자신의 특성을 이해하고 수용하기 예시

구분	특성	강점
일반 능력	보통의 지적인 능력(IQ)을 가지고 있음	순간적으로 판단을 하는 지각 속도가 뛰어남
적성	언어 능력, 수리 능력, 지각 속도가 높음	문과 성향
흥미	사람을 도와주고 사람과 관계되는 일을 좋아함	대인 지향적, 봉사 지향적
성격	적극적이고 능동적이며 인간관계를 중시함	활동적이며 사람과의 관계성을 중시함
가치관	봉사적이며 대인 지향적인 가치관	봉사적 가치관
진로 성숙 (진로 발달)	자기 이해, 직업 세계에 대한 정보가 보통 이상임	자기 이해가 잘됨
가정환경	경제적으로는 넉넉하지 않으나 부모의 적극적인 지원, 보살핌, 사랑이 있음	부모의 적극적인 지원

자신의 특성을 이해하고 수용하기

구분	특성	강점
일반 능력		
적성		
흥미		
성격		
가치관		
진로 성숙 (진로 발달)		
가정환경		

청각장애인을 위한 수화 동영상 코너

자신을 타인과 비교하지 않고 객관적으로 이해하기 위해서는 지적인 능력(지능), 특수 능력(적성), 흥미, 성격, 가치관 등을 알아보는 것이 중요하다. 자신의 능력과 태도를 이해하기 위한 방법으로 심리검사나 상담, 자기 성찰 등을 활용하여 알아볼 수 있다. 관련 검사를 서비스하는 공공기관으로는 고용노동부와 한국직업능력개발원 등이 있다. 고용노동부 워크넷(www.work.go.kr)에서 취업상담 지원의 직업심리검사나 혹은 한국직업능력개발원 커리어넷(www.career.go.kr)의 검사를 실시하면 그 결과를 바로 출력해서 알아볼 수 있다. 또한 대학생들은 교내 학생생활상담소에서 각종 심리검사를 무료로 받아 볼 수 있다. 이 외에도 전문가에게 상담도 하면서 자신의 특성을 객관적으로 이해할 수 있도록 유료로 심리검사를 서비스해 주는 한국행동심리연구소, 한국가이던스, 학지사 심리검사연구소 등 다양한 연구소가 있으므로, 학생들은 빠른 시간 내에 자신을 객관적으로 이해하는 것이 중요하다.

장애인의 경우에는 한국장애인고용공단(www.kead.or.kr)에 접속한 후 사업 안내의 장애인지원에 들어가면 직업능력평가와 온라인 직업심리검사가 제공한다. 온라인 직업심리검사의 장애인용 구직욕구진단검사, 자기개념검사, 직업기능탐색검사, 그림직업흥미검사 등의 검사를 실시해 보는 것이 좋다.

자신을 객관적으로 이해한다는 것은 자기 수용을 하는 계기가 되며, 이를 통해서 작은 변화가 일어나기 시작한다. 자신을 제대로 이해하지 못하거나 수용하지 못하고 타인의 시선과 의견에 휩싸여 의사결정을 하게 되고, 이로 인해 행복하지 않은 직장 생활을 하거나 실업자로 전락하는 경우를 우리는 주위에서 쉽게 접할 수 있다. 신입 사원이 되기 위해서는 무엇보다 자신을 객관적으로 이해하고 수용하는 것이 필요하다. 특히 장애 학생들은 자신의 장애와 특성을 객관적으로 이해하고 수용하는 것이 선행되어야 한다.

'자신의 특성을 이해하고 수용하기' 예시와 같이 자기 스스로 자신의 특성과 강점을 기록해 보기 바란다.

QR 코드를 찍으면 〈수화 동영상〉 설명을 보실 수 있습니다.

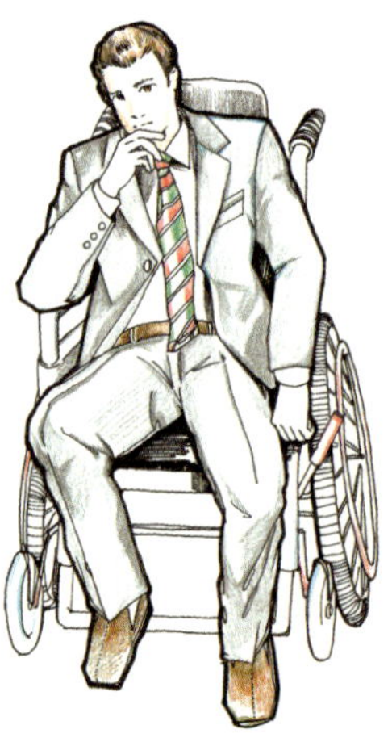

2
자신의 강점 찾기

사람들은 자신의 강점보다는 부족한 부분을 쉽게 찾으며, 그것을 충족하기 위해서 부단한 노력을 한다. 자신의 부족한 부분이나 결핍된 부분을 채우기 위해 노력한 사람은 보통 사람밖에 되지 않는다고 한다. 그러나 자신의 강점을 증진시키면 결핍된 부분도 같이 증진되기 때문에 행복한 사람, 특별한 사람이 된다고 한다.

한 사람이 자신의 결핍된 부분을 해소하고 증진시키는 데는 많은 시간과 노력이 필요하다. 하지만 자신의 강점을 증진시키는 것은 결핍된 부분을 증진시키는 것보다 적은 시간과 노력만으로도 가능하다. 우리가 학교 현장에서 전통적으로 받아 온 교육은 주로 각 개인의 결핍된 부분, 부족한 부분을 채우고 보강하는 데 많은 시간을 할애하는 결핍의 교육에서 출발하고 있다. 그러나 오늘날은 개인의 강점을 찾아서 증진시키는 긍정의 교육으로 패러다임이 바뀌고 있다.

자신의 미래를 설계하려면 자기 자신을 타인과 비교하지 않고 자신이 가지고 있는 특성에서 자신만의 강점을 찾아야 한다. 특히 장애 학생들은 자신이 얼마나 많은 강점을 가지고 있는지 모르고 자꾸 타인과 비교하여, 자신이 타인보다 못하다는 생각과 태도로 인해서 자신의 강점을 찾지 못하는 경우가 많다. 자신이 가지고 있는 특성을 50개 나열해 보고, 이를 마틴 셀리그먼(Martin Seligman)이 제시한 인간의 강점 스물네 가지에 대비하여 분류하는 과정을 거친다면 자신의 강점을 쉽게 발견할 수 있을 것이다.

인간의 강점 24가지

구분	종류
용기	용감성, 인내, 진정성, 열정
절제	용서, 겸손, 신중감, 자기 통제
지혜와 지식	호기심, 학습 욕구, 판단력, 창의성, 통찰력
정의로움	책임감, 공정성, 리더십
인간미와 사랑	사랑, 친절, 사회성
초월성	심미안, 감사, 낙관성, 쾌활성, 영성

출처: 마틴 셀리그먼(2009).

자신의 강점 나열해 보기

자신의 강점	강점 분류하기
1. 종국이는 다른 사람들의 말을 잘 들어준다.	친절
2. 종국이는 어떤 일이나 열심히 한다.	책임감
3. 종국이는 매사에 적극적이다.	도전적

4. 종국이는 새로운 것을 배우는 데 주저함이 없다.	학습 욕구가 강함
5. 종국이는 긍정적이다.	낙관성
6.	
7.	
8.	
9.	
10.	
11.	
12.	
13.	
14.	
15.	
16.	
17.	
18.	
19.	
20.	
21.	
22.	
23.	
24.	
25.	
26.	
27.	
28.	
29.	
30.	

31.	
32.	
33.	
34.	
35.	
36.	
37.	
38.	
39.	
40.	
41.	
42.	
43.	
44.	
45.	
46.	
47.	
48.	
49.	
50.	

이 예시에서처럼 자신의 이름과 함께 자신의 강점을 하나씩 써 보자. 장애 학생일수록 자신의 강점을 타인과 비교하지 말고, 자신 속에서 무엇이 강점인지를 살펴보기 바란다. 자신에게 강점은 없고 약점만 있다고 생각하는 사람이나 자신의 강점을 쓸 수 없는 사람은 현재 자신을 부정적으로 보고 있거나 무

기력에 빠져 있는 경우다. 이럴 때는 서슴없이 상담을 받아 보는 것이 좋다.

인간은 자신이 보고 싶은 것만 보고 듣고 싶은 것만 듣는다. 자기 자신이 부정적일 때는 모든 것이 부정적으로 보인다. 예컨대, 자신이 장애인이라면 거리에 나갔을 때 장애인이 가장 먼저 눈에 보이고, 자신이 임산부라면 임산부가 가장 먼저 보인다. 이는 자신의 상태와 관점에 따라서 그것에만 집중하기 때문이다.

나의 장애를 한탄하고 부정적으로 생각한다고 해서 세상이 변화되거나 어느 누구 하나 나에게 큰 도움을 주지 않는다. 나의 가정환경이 어렵고, 내가 전문대학밖에 다니지 못한다며 한탄한다고 해서 어느 누구도 따뜻하게 자신의 문제처럼 해결해 주지 않는다. 내가 먼저 변화되어야 세상도 변한다.

나를 긍정적으로 보고 나의 장애를 긍정적으로 수용하게 되면 나 자신의 강점을 찾을 수 있다. 이렇게 나의 강점을 찾기 시작하면 나에게 변화가 온다. 그리고 내가 변화되면 내가 원하지 않아도 세상의 여러 사람이나 기관으로부터 도움을 받게 된다. 다시 말하지만, 나의 강점을 찾고 내가 먼저 변화되어야 세상도 변화된다. 이는 삶의 이치다. 그러므로 장애 학생일수록 자신의 강점을 찾아 기록해 보자. 우리의 마음속에는 수많은 강점이 쌓여 있다.

청각장애인을 위한 수화 동영상 코너

사람들은 자신의 강점보다는 부족한 부분을 쉽게 찾으며, 그것을 충족시키기 위해서 부단한 노력을 한다. 자신의 부족한 부분이나 결핍된 부분을 채우기 위해 노력한 사람은 보통 사람밖에 되지 않는다고 한다. 그러나 자신의 강점을 증진시키면 결핍된 부분도 같이 증진되기 때문에 행복한 사람, 특별한 사람이 된다고 한다.

자신의 미래를 설계하려면 자기 자신을 타인과 비교하지 않고 자신이 가지고 있는 특성에서 자신만의 강점을 찾아야 한다. 특히 장애 학생들은 자신이 얼마나 많은 강점을 가지고 있는지 모르고 자꾸 타인과 비교하여, 자신이 타인보다 못하다는 생각과 태도로 인해서 자신의 강점을 찾지 못하는 경우가 많다. 자신이 가지고 있는 특성을 50개를 나열해 보고, 이를 마틴 셀리그먼(Martin Seligman)이 제시한 인간의 강점 스물네 가지에 대비하여 분류하는 과정을 거친다면 자신의 강점을 쉽게 발견할 수 있을 것이다.

'자신의 강점 나열해 보기' 예시와 같이 자신의 강점을 기록한 뒤 그것을 마틴 셀리그먼의 분류에 따라 분류해 보기 바란다.

QR 코드를 찍으면 〈수화 동영상〉 설명을 보실 수 있습니다.

3
직업 정보

21세기의 지식정보화 사회는 평생 직장이 없어지고 평생 직업만 도래되는 세상에서 살아간다고 해도 과언이 아니다. 그러므로 우리는 대학을 졸업하고 첫 직업을 선택한 후에 그 직장이 평생 갈 것이라고 생각하면 안 된다. 현재와 같은 지식정보화 사회에서는 다양한 직종이 없어지고, 또 새로운 직종이 생겨난다. 이러한 직업의 변화에 적극적으로 적응하기 위해서는 직업 기초 능력이 튼튼해야 한다. 지식정보화 사회에서는 우리가 태어나서 죽을 때까지 보통 여섯 개의 직업이 필요하다고 한다.

『한국직업전망서』(한국고용정보원, 2011)에서는 우리나라를 대표하는 16개 분야의 202개 직업에 관한 향후 5년간의 전망 및 변화를 기술하고 있으며, 더불어 각 직업에 대해 하는 일, 근무 환경, 되는 길(교육 및 훈련, 관련 학과, 관련 자격 및 면허, 입직 경로, 진출 분야, 승진 및 경력 개발), 적성 및 흥미, 전망 등이 기록되어 있다.

이러한 직업 정보는 다음과 같은 절차에 따라 정확하게 탐색해 보는 것이 좋다.

- 직업 세계는 다양하게 변화되므로 『한국직업전망서』와 같은 서적과 인터넷의 워크넷, 한국직업정보시스템, 커리어넷, 민간고용정보 사이트를 통해서 살펴본다.
- 자기의 특성에 알맞은 구체적인 직종의 교육 및 훈련, 관련 자격 및 면허, 입사 경로, 흥미 및 적성 등을 탐색한다.
- 자신의 특성에 알맞은 직종의 회사를 선택하고, 그 회사의 특성, 입사 조건 및 방법 등을 구체적으로 탐색한다.
- 자신이 원하는 회사에 들어갈 수 있는 조건과 자신이 가지고 있는 능력 및 태도를 구체적으로 비교 · 분석한다.
- 객관적으로 측정한 자신의 능력 및 태도 등과 그 회사에서 요구하는 조건을 구체적으로 수량화해서 비교한다.
- 자신의 목표와 자신에게 알맞은 직종의 회사 입사 조건 간에 차이가 있는지 분석하고 그에 따라 개선한다.

이와 같은 절차에 따라 직업 정보를 구체적으로 기록해 보기 바란다. 구체적으로 기록해 보는 것과 머릿속으로만 생각하는 것에는 많은 차이가 있으므로 직접 기록해 보기 바란다.

직업 정보 탐색하기

구분		구체적인 내용
1. 관심 있는 직업 세계 탐색하기		1) 어린이집 보육교사
		2)
		3)
		4)
		5)
		6)
2. 자신의 특성에 알맞은 직업 선택하기		
3. 자신의 특성에 알맞은 직업 탐색하기	직업 전망	
	교육 및 훈련	
	관련 자격증	
	입사 경로	
4. 자신의 특성에 알맞은 직종의 회사 선택하기	회사의 특성	
	입사 조건	
	입사 방법	
	입사 준비	
5. 자신의 능력 및 태도와 입사하고자 하는 회사의 조건 비교하기		
6. 자신이 목표하는 직업을 갖기 위한 준비		

청각장애인을 위한 수화 동영상 코너

21세기의 지식정보화 사회는 평생 직장이 없어지고 평생 직업만 도래되는 세상에서 살아간다고 해도 과언이 아니다. 그러므로 우리는 대학을 졸업하고 첫 직업을 선택한 후에 그 직장이 평생 갈 것이라고 생각하면 안 된다. 현재와 같은 지식정보화 사회에서는 다양한 직종이 없어지고 또 새로운 직종이 생겨난다. 이러한 직업의 변화에 적극적으로 적응하기 위해서는 직업 기초 능력이 튼튼해야 한다. 지식정보화 사회에서는 우리가 태어나서 죽을 때까지 6개 정도의 직업이 필요하다고 한다.

이러한 직업 정보는 다음과 같은 절차에 따라 정확하게 탐색해 보는 것이 좋다.

- 직업 세계는 다양하게 변화되므로 『한국직업전망서』와 같은 서적과 인터넷의 워크넷, 한국직업정보시스템, 커리어넷, 민간고용정보 사이트를 통해서 살펴본다.
- 자기의 특성에 알맞은 구체적인 직종의 교육 및 훈련, 관련 자격 및 면허, 입사 경로, 흥미 및 적성 등을 탐색한다.
- 자신의 특성에 알맞은 직종의 회사를 선택하고, 그 회사의 특성, 입사 조건 및 방법 등을 구체적으로 탐색한다.
- 자신이 원하는 회사에 들어갈 수 있는 조건과 자신이 가지고 있는 능력 및 태도를 구체적으로 비교 · 분석한다.
- 객관적으로 측정한 자신의 능력 및 태도 등과 그 회사에서 요구하는 조건을 구체적으로 수량화해서 비교한다.
- 자신의 목표와 자신에게 알맞은 직종의 회사 입사 조건 간에 차이가 있는지 분석하고 그에 따라 개선한다.

책의 '직업 정보 탐색하기' 예시와 같이 빈칸을 작성해 보기 바란다.

QR 코드를 찍으면 〈수화 동영상〉 설명을 보실 수 있습니다.

4
자신의 목표를 설정하고 늘 이야기하기

대학 시절에 자신의 목표를 세우기 위해서는 한 학년 동안 학교에서 공부하는 것보다 세상을 탐색하고 다양한 직업 세계를 탐색하여 자신을 가장 행복하게 만들어 줄 목표를 설정하는 있는 기회를 갖는 것이 더욱 중요하다고 한다.

세계적으로 경쟁력을 가지고 있는 예일 대학교 및 하버드 대학교 학생들에게 목표를 가지고 있는가를 질문한 결과, 인생의 목표를 구체적으로 계획하고 있다고 응답한 학생은 약 3%였다. 그들은 대학을 졸업하고 20년이 지난 후 상류층이나 지도층에 속해 만족스러운 삶을 살아가고 있었다. 글로 표현하지는 않았지만 구체적인 목표를 생각한 학생들은 10% 정도로, 중산층에 속해 여유로운 생활을 보내고 있었다. 뚜렷하고 구체적인 목표를 기술하지 못한 학생들은 60%로, 졸업 후 경제적 · 정신적으로 힘들게 살아가고 있었다. 그리고 아예 목표가 없었던 학생들은 27%로, 빈곤층에 속해 사회의 도움을 받으며 살아가고 있었다.

인생은 속도전이 아니며 어느 방향으로 갈 것인가에 대한 철저한 방향성이다. 이러한 방향성은 나를 행복하고 즐겁게 만들어 줄 뿐만 아니라 삶의 가치를 배가시켜 준다. 따라서 무엇보다도 방향성을 탐색하는 것이 중요하다. 학생들에게 인생의 방향성을 위해서 자신의 목표를 설정하라고 하면, 대부분의 학생은 '나는 부자가 될 것이다.' '나는 편입할 것이다.' '나는 창업을 할 것이다.' '나는 행복해지고 싶다.' 와 같이 표현한다. 그런데 이러한 목표는 결코 이루어질 수 없다.

최소한 대학 1학년 때부터 SMART 기법을 활용하여 자신의 목표를 작성해야 한다. SMART 기법이란 간단하면서도 구체성 있고(Simple & Specific), 측정 가능하면서(Measurable), 행동 지향적으로(Action oriented), 현실감 있게(Realistic), 언제까지 이루겠다는 시간성으로(Timely) 자신의 목표를 설정하는 것을 의미한다. 예컨대, '나는 지금부터 철저하게 준비해서 이번 학기말 고

자신의 목표 설정하기

예시) 나는 스마트앱 관련 게임 사업을 시작하기 위해 2020년까지 매년 순이익 2억 이상을 달성하기를 간절히 원한다.

사에서 전 교과목에 A학점 이상 받기를 간절히 원한다.'라고 표현하여야 한다.

일단 목표가 설정되었으면 매일 하루에 다섯 번 이상씩 말해 보아야 한다. 특히 자신이 설정한 구체적인 목표를 자기 자신에게 이야기하고, 주위 친구들이나 동료들에게 소리 내어 말하는 것은 매우 중요하다. 이처럼 SMART 기법에 따라 자신의 목표를 설정하고 기록해 보기 바란다.

청각장애인을 위한 수화 동영상 코너

인생은 속도전이 아니며 어느 방향으로 갈 것인가에 대한 철저한 방향성이다. 이러한 방향성은 나를 행복하고 즐겁게 만들어 줄 뿐만 아니라 삶의 가치를 배가시켜 준다. 따라서 무엇보다도 방향성을 탐색하는 것이 중요하다. 학생들에게 인생의 방향성을 위해서 자신의 목표를 설정하라고 하면, 대부분의 학생은 '나는 부자가 될 것이다.' '나는 편입할 것이다.' '나는 창업을 할 것이다.' '나는 행복해지고 싶다.'와 같이 표현한다. 그런데 이러한 목표는 결코 이루어질 수 없다.

최소한 대학 1학년 때부터 SMART 기법을 활용하여 자신의 목표를 작성해야 한다. SMART 기법이란 간단하면서도 구체성 있고(Simple & Specific), 측정 가능하면서(Measurable), 행동 지향적으로(Action oriented), 현실감 있게(Realistic), 언제까지 이루겠다는 시간성으로(Timely) 자신의 목표를 설정하는 것을 의미한다. 예컨대, '나는 지금부터 철저하게 준비해서 이번 학기 말 고사에서 전 교과목에 A학점 이상 받기를 간절히 원한다.'라고 표현하여야 한다.

책의 '자신의 목표 설정하기' 예시와 같이 자신의 목표를 설정해서 기록해 보기 바란다.

QR 코드를 찍으면 〈수화 동영상〉 설명을 보실 수 있습니다.

5
간단한 방법으로 작은 변화를 가져보기

사람들은 늘 하던 방식으로 습관화된 행동만을 하게 된다. 고등학교를 졸업하고 대학생이 된 지금도 예전에 했던 방식으로 행동하고 있다. 그 행동이 문제가 있을 경우 인식하고 개선하고 싶어도 잘 되지 않는다. 즉, 습관이 무의식적 능력으로 바뀌어 있기 때문에 쉽게 변화되지 않는 것이다.

사람은 하루아침에 갑자기 변화되지 않는다. 어떤 사람이 평소와 다른 행동을 한다면 그것은 심리적으로 엄청난 스트레스를 경험하거나 생명에 위협을 느낀 경우가 많다. 우리가 생명에 위협을 느낄 정도의 스트레스나 일이 아니면 평소의 행동을 개선하는 것이 어렵기 때문에, 대부분의 사람은 자신의 습관을 변화시키지 못하고 있다.

자신의 습관을 변화시키고 새로운 행동을 하기 위해서는 철저하게 간단한 방법으로 작은 변화부터 이루도록 하는 것이 중요하다. 나의 행동이 마음에 들지 않는다고 해서 나를 전부 바꾸기보다는 가장 시급하게 바꾸고 싶은 것 하나만 시도해서 바꾸어 보자. 한 번의 시도로 절대 그 행동이 의식적 행동이 되거나 습관화되지 않는다. 인간의 행동을 습관화하기 위해서는 최소한 그것을 40~60번 정도 연습해야 한다.

자신의 행동을 습관화하고 작은 변화를 주기 위해서는 자신의 결핍된 부분을 찾기보다는 긍정적인 부분을 찾아 그것을 신장시키려고 노력해야 한다. 자신의 결핍된 부분을 변화시키기 위해서 노력하기는 어렵지만, 자신의 긍정적인 부분을 변화시키는 것은 보다 쉽고 빠르다. 이러한 첫 시도가 이루어질 때, 변화는 자신이 인식하지 못한 사이에 일어난다. 따라서 자신을 변화시키고 자신의 습관을 바꾸고 싶다면 다음과 같은 절차를 따라 시행해 보기 바란다.

- 늘 자신의 결핍된 부분보다는 긍정적인 부분을 찾는다.
- 큰 것을 변화시키기보다 아주 쉽고 작은 것부터 시작한다.
- 매일 간단한 방법으로 손쉽게 실행한다.
- 잠자기 전에는 걱정이나 부정적인 생각보다 긍정적인 생각을 갖는다.
- 잠자기 전에 10분 정도를 투자한다. 잠자기 10분 전에 오늘의 즐거웠던 일, 감사한 일, 자신의 목표를 매일 기록한다.

이와 같은 절차에 따른 실행은 40일 이상을 해야 효과가 있다. 일본의 다카시마 데쓰지(2011)는 사람이 완전히 잠에 빠져들기 전의 30분은 뇌의 80%가 잠을 자는 것으로, 이때 아주 중요한 일을 하고 있다고 했다. 즉, 뇌는 단기기억에 남아 있던 것을 장기기억으로 보내어 파지(저장), 재생(이미지화)이 가능하도록 한다. 이러한 중요한 과정은 잠자기 전에 부정적인 생각과 행동을 했느냐 혹은 긍정적인 생각과 행동을 했느냐에 따라서 달라질 수 있다. 예컨대, 잠자기 전에 게임을 했다면 뇌는 게임이 중요하다고 인식하고 그것을 기억 창고에 저장한다는 것이다. 그러므로 긍정적인 내적 표상이 생기도록 잠자기 전에 그날 하루 동안 즐거웠던 일, 감사한 일, 자신의 구체적인 목표를 기록하는 것이 좋다. 그러면 뇌는 이를 중요하게 인식하여 행동으로 실현하려고 노력하게 되는 것이다. 따라서 다음 '잠자기 전에 긍정적인 행동하기' 예시처럼 매일 즐거웠던 일, 감사한 일, 내 인생의 목표를 기록해 보기 바란다.

잠자기 전에 긍정적인 행동하기 예시

구분	내용
즐거웠던 일	오랜만에 보고 싶었던 친구를 만나서 커피를 마시며 이야기한 것이 즐거웠다.
감사한 일	고등학교 때 담임선생님께서 갑자기 전화해서 잘 지내고 있느냐고 안부를 물어봐 주시어 감사했다.
내 인생의 목표	나는 보육교사 자격증을 취득해서 국공립 통합교육 어린이집에 취직되기를 간절히 원한다.

잠자기 전에 긍정적인 행동하기

구분	내용
즐거웠던 일	
감사한 일	
내 인생의 목표	

청각장애인을 위한
수화 동영상 코너

자신의 습관을 변화시키고 새로운 행동을 하기 위해서는 철저하게 간단한 방법으로 작은 변화부터 이루도록 하는 것이 중요하다. 나의 행동이 마음에 들지 않는다고 해서 나를 전부 바꾸기보다는 가장 시급하게 바꾸고 싶은 것

하나만 시도해서 바꾸어 보자. 한 번의 시도로 절대 그 행동이 의식적 행동이 되거나 습관화되지 않는다. 인간의 행동을 습관화하기 위해서는 최소한 그것을 40~60번 정도 연습해야 한다.

자신의 행동을 습관화하고 작은 변화를 주기 위해서는 자신의 결핍된 부분을 찾기보다는 긍정적인 부분을 찾아 그것을 신장시키려고 노력해야 한다. 자신의 결핍된 부분을 변화시키기 위해서 노력하기는 어렵지만, 자신의 긍정적인 부분을 변화시키는 것은 보다 쉽고 빠르다. 이러한 첫 시도가 이루어질 때, 변화는 자신이 인식하지 못한 사이에 일어난다. 따라서 자신을 변화시키고 자신의 습관을 바꾸고 싶다면 다음과 같은 절차를 따라 시행해 보기 바란다.

- 늘 자신의 결핍된 부분보다는 긍정적인 부분을 찾는다.
- 큰 것을 변화시키기보다 아주 쉽고 작은 것부터 시작한다.
- 매일 간단한 방법으로 손쉽게 실행한다.
- 잠자기 전에는 걱정이나 부정적인 생각보다 긍정적인 생각을 갖는다.
- 잠자기 전에 10분 정도를 투자한다. 잠자기 10분 전에 오늘의 즐거웠던 일, 감사한 일, 자신의 목표를 매일 기록한다.

책의 '잠자기 전에 긍정적인 행동하기' 예시와 같이 차분하게 기록해 보기 바란다.

QR 코드를 찍으면 〈수화 동영상〉 설명을 보실 수 있습니다.

6 지지망 탐색을 통한 멘토 만들기

이 세상의 어려움과 즐거움을 함께하고, 나의 어려움을 이해하며 공감해 줄 뿐만 아니라, 어떤 어려움 속에서도 너는 이겨 낼 것이라고 신뢰해 주는 사람이 있다면 이 세상을 살아가는 데 기쁨이 배가될 것이다.

한 사람이 직업을 갖거나 직장을 그만두는 것은 그 사람의 능력보다 인간적인 관계에 의해 결정되는 경우가 많다. 카네기 연구소의 조사에 의하면 직장 생활을 하다가 그만두는 경우의 대부분은 능력적인 부분보다 조직 구성원과의 인간적인 관계, 즉 대인관계의 문제에 의해서 일어난다. 또한 직장을 구하거나 자신의 특성에 알맞은 직장에 들어가는 경우도 선배, 가족 또는 지인들의 소개로 이루어지는 경우가 많다.

그러므로 우리는 인간적인 관계망의 중요성을 인식해야 할 뿐만 아니라 자신의 진로와 관련된 지지망을 탐색하고 구축해서 인생의 멘토를 만들어야 한다. 나를 이해하고 공감해 주면서 적극적으로 이끌어 줄 수 있는 멘토를 만든다면 인생의 절반은 성공한 셈이다. 나를 이끌어 주는 멘토가 있다는 것은 곧 나의 삶을 이해하고, 나를 사랑해 주고, 나에 대한 열정이 있는 이가 있다는 것이다. 이러한 멘토는 그냥 만들어지지 않는다. 타인으로부터 사랑받기 위해서는 나도 그만큼 상대방에게 해야 한다. 인간관계는 철저하게 상호작용의 관계이지 일방적인 관계가 아니다. 따라서 자신의 취업을 위해서 인간적 지지망을 탐색하고 자신의 멘토를 만들어야 한다.

멘토는 내가 원하는 분야의 전문가가 되어 주는 것은 아니다. 나를 이해하고 공감해 주면서 늘 신뢰를 보내 주는 사람, 그러면서도 내 인생의 나침반 역할을 해 줄 수 있는 사람을 찾는 것이 중요하다. 멘토를 만들기 위해서 나의 지지망을 탐색하여 기록해 보자.

나의 지지망 탐색하여 기록하기

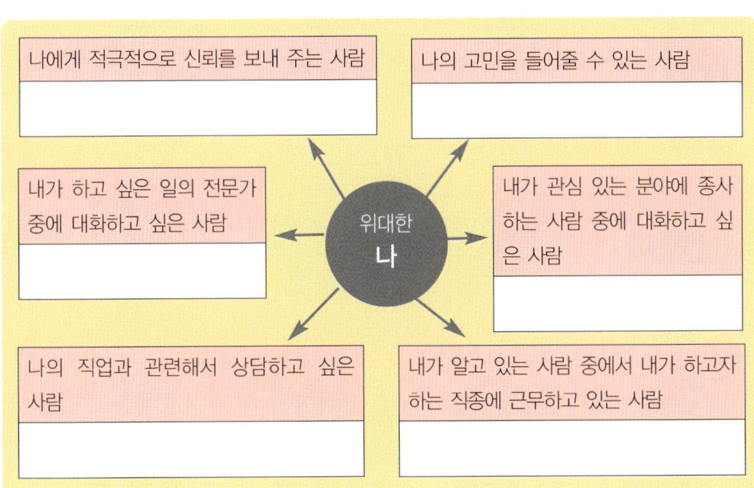

044
성공적인 취업을 위한 진로 계획과 이미지 메이킹

청각장애인을 위한 수화 동영상 코너

한 사람이 직업을 갖거나 직장을 그만두는 것은 그 사람의 능력보다 인간적인 관계에 의해 결정되는 경우가 많다. 카네기 연구소의 조사에 의하면 직장생활을 하다가 그만두는 경우의 대부분은 능력적인 부분보다 조직 구성원과의 인간적인 관계, 즉 대인관계의 문제에 의해서 일어난다. 또한 직장을 구하거나 자신의 특성에 알맞은 직장에 들어가는 경우도 선배, 가족 또는 지인들의 소개로 이루어지는 경우가 많다.

그러므로 우리는 인간적인 관계망의 중요성을 인식해야 할 뿐만 아니라 자신의 진로와 관련된 지지망을 탐색하고 구축해서 인생의 멘토를 만들어야 한다. 인간관계는 철저하게 상호작용의 관계이지 일방적인 관계가 아니다. 따라서 자신의 취업을 위해서 인간적 지지망을 탐색하고 자신의 멘토를 만들어야 한다.

책의 '나의 지지망 탐색하여 기록하기' 예시에 따라 자신을 적극적으로 도와줄 수 있는 사람, 고민을 들어줄 수 있는 사람 등을 기록해 보기 바란다.

QR 코드를 찍으면 〈수화 동영상〉 설명을 보실 수 있습니다.

7
회복적 탄력성을 갖기 위한 긍정적 사고

인생이란 매우 어렵다. 그런데 사람들은 쉬운 것부터 하려고 하니 어려움만 남게 된다. 그리하여 인간은 불완전한 존재이기 때문에 늘 고민과 문제를 가지고 살아간다. 이 세상에 문제나 고민 없이 살아가는 사람은 단 한 사람도 없다. 고민과 문제를 얼마나 적절하게 잘 해결하느냐에 따라서 저마다의 삶이 달라질 뿐이다. 자신의 고민과 어려움을 잘 이겨 내는 사람이 있는가 하면, 자신의 문제와 고민을 이겨 내지 못해 허우적거리는 사람도 있다.

회복적 탄력성이란 사람들이 어려움과 고난에 빠졌을 때 그것을 이겨 내고 새롭게 인생을 개척하는 힘을 말한다. 회복적 탄력성을 가지고 있는 사람과 그렇지 않은 사람의 차이에 관한 연구에 따르면, 회복적 탄력성을 가지고 있는 사람은 어떤 상황에서도 늘 긍정적이고 낙관적인 생각을 가지고 있으며, 그 사람을 신뢰하고 수용해 주는 누군가를 가지고 있다.

어떤 상황에서도 나 자신에게 신뢰감과 적극적인 지지를 보내는 사람, 늘 격려를 아끼지 않는 사람은 멘토 만들기를 통해서 구성하면 되고, 긍정적이고 낙관적인 사고는 다음과 같은 방법을 통해서 증진시킬 수 있다. 인간의 생각을 바꾸면 마음이 변화되고, 마음을 바꾸면 행동이 변화되고, 행동을 바꾸면 습관이 변화되고, 또 습관을 바꾸면 인생이 변화된다고 한다. 그러면 우리의 생각을 변화시키려면 어떻게 해야 할까? 사람의 생각을 변화시키기 위해서는 말과 언어를 긍정적으로 변화시켜야 한다. 부정적인 말과 언어를 사용하는 사람들은 늘 부정적인 생각을 가지고 있지만, 긍정적인 말과 언어를 사용하는 사람들은 긍정적인 생각을 표현한다. 특히 장애 학생들은 자신이 가지고 있는 장애를 한탄하기보다 수용하고 긍정적인 언어로 표현하는 것이 매우 중요하다.

"당신은 무엇 때문에 안경을 쓰고 계십니까?" 라고 일상적으로 질문하면, 대부분의 사람은 잘 안 보여서라고 응답한다. 즉, 안경을 쓴 목적은 잘 보기 위해서라는 것이다. 그러나 이와 같은 응답은 잘못된 것이다. 더 정확한 표현은 다른 사물을 더 잘 보기 위해서 안경을 썼다는 것이다.

긍정적인 사고를 갖기 위해서는 일상생활에서 부정적인 의미보다는 긍정적인 의미의 목적어를 사용해야 하고, '~해라'를 '~하자'로 변화시켜야 하며, '왜'의 물음보다는 '무엇' 또는 '어떻게'의 물음을 하는 것이 바람직하다. 예컨대, '담배 피우지 말아야지.' '술 먹지 말아야지.' 가 아니라 '건강하게 살아야지.' 로 바꾸면 된다. 담배와 술 이야기만 하면 담배와 술이 생각나게 된다는 것이다. 이처럼 긍정적인 생각을 갖기 위해서는 긍정적인 의미의 목적어를 사용하여야 한다. 우리가 일상생활에서 사용하는 언어를 긍정적인 의미의 목적어로 바꾸어 보자.

긍정적인 생각을 갖기 위한 긍정적인 의미의 목적어 사용 실제

일상적인 언어	긍정적인 의미의 목적어
친구들과 싸우지 말아야지.	친구들과 사이 좋게 지내야지.

청각장애인을 위한 수화 동영상 코너

인생이란 매우 어렵다. 어려운 인생 중에서도 어려움과 고난을 이겨 내는 힘을 회복적 탄력성이라고 한다. 회복적 탄력성을 가지고 있는 사람과 그렇지 않은 사람의 차이에 관한 연구에 따르면, 회복적 탄력성을 가지고 있는 사람은 어떤 상황에서도 늘 긍정적이고 낙관적인 생각을 가지고 있으며, 그 사람을 신뢰하고 수용해 주는 누군가를 가지고 있다.

긍정적인 사고를 갖기 위해서는 일반적으로 사회나 가정에서 사용하는 언어를 긍정적인 의미의 목적어로 변화시켜야 한다. 예컨대, '담배 피우지 말아야지.' '술 먹지 말아야지.' 하면 담배와 술이 생각나게 되므로 '건강하게 살아야지.' '목을 청결하게 해야지.'와 같은 긍정적인 의미의 목적어로 바꾸어 사용하여야 한다.

책의 '긍정적인 생각을 갖기 위한 긍정적인 의미의 목적어 사용 실제' 예시와 같이 자신이 평소에 사용하고 있는 부정적인 언어를 긍정적인 의미의 목적어로 기록해 보기 바란다.

QR 코드를 찍으면 〈수화 동영상〉 설명을 보실 수 있습니다.

049

8

이미지 및 셀프 리더십을 갖기 위한 인간관계

나 자신도 내 마음대로 되지 않는데, 사람들은 종종 다른 사람의 마음을 변화시키고 조정하려는 우를 범하고 있다. 이미지 및 셀프 리더십은 세상이 변화되는 것이 아니라, 내가 변화되면 세상이 변화되고, 또 내가 변화되지 않으면 세상도 변화되지 않는다는 것이다. 내 마음을 잘 관찰하고 내가 조금만 바꾸면 다른 사람과의 관계가 원만해진다. 모든 것은 나로부터 출발한다. 특히 장애 학생들은 일반 학생들이 나에게 조금만 더 잘해 주면 내가 행복해진다고 느끼기보다 내가 그들에게 조금만 더 잘해 주고 경청하고 다가가면 그 관계가 변한다는 것을 알아야 한다. 따라서 다른 사람이 나를 위해서 변하기보다 내가 먼저 변하면 모든 것이 변한다.

타인과의 관계를 개선하기 위해서는 나의 마음을 표현하는 것보다 타인의 말을 더 잘 경청해 주어야 한다. 타인의 말을 적극적으로 경청한다는 것은 타인을 존중하고 배려한다는 의미를 가지고 있다. 사람의 말을 잘 경청하라는 것은 그 사람의 말을 잘 들으라는 것만이 아니니다. 사람의 마음은 그 사람의 행동과 말을 통해 알 수 있다. 타인의 마음은 말을 통해서 7% 알 수 있으며, 표정과 몸짓을 통해서는 58%, 그리고 어투와 억양을 통해서는 35% 알 수 있다. 따라서 타인의 말을 경청하라는 것은 표정과 어투 또한 잘 경청하라는 것이다.

인간적 관계에서는 상대의 말을 잘 경청하는 것만으로도 그 사람과의 관계가 개선될 수 있다. 그런데도 우리는 자신의 말을 상대방이 들어주기만을 바라고 자신이 하고 싶은 말만 하기 때문에 관계 형성이 잘 되지 않는 경우가 많다. 이 책의 독자들은 사회의 초년병으로서 직장에서 인정받기 위해 선배나 윗사람의 말을 잘 경청하는 습관을 갖기 바란다. 타인의 말을 경청할 때는 그 사람의 현재 감정과 느낌에 중심을 두고 경청하는 습관을 갖자. 장애 학생들은 타인의 말을 적극적으로 경청할 때 일반인들로부터 더욱더 배려받고 존중받을 수 있다. 타인과 말을 할 때 그 사람의 얼굴 표정, 몸짓, 억양, 어투 등을 잘 듣고 기록해 보자. 두 사람씩 짝을 지어서 연습해 보고, 예시와 같이 빈칸에 기록해 보자.

경청의 연습 예시

얼굴 표정	웃음을 머금고 있으며 표정이 밝음
눈빛	부드러운 눈빛으로 편안하게 바라봄
억양, 어투	부드러운 어투, 적절한 억양
말 속의 느낌	즐거움, 편안함, 부드러움

경청의 연습 실제

얼굴 표정	
눈빛	
억양, 어투	
말 속의 느낌	

청각장애인을 위한 수화 동영상 코너

나 자신도 내 마음대로 되지 않는데, 사람들은 종종 다른 사람의 마음을 변화시키고, 조정하려는 우를 범하고 있다. 타인과의 관계를 개선하기 위해서는 나의 마음을 표현하는 것보다 타인의 말을 더 잘 경청해 주어야 한다. 타인의 말을 적극적으로 경청한다는 것은 타인을 존중하고 배려한다는 의미를 가지고 있다. 사람의 말을 잘 경청하라는 것은 그 사람의 말을 잘 들으라는 것만이 아니다. 사람의 마음은 그 사람의 행동과 말을 통해 알 수 있다. 타인의 마음은 말을 통해서 7% 알 수 있으며, 표정과 몸짓을 통해서는 58%, 그리고 어투와 억양을 통해서는 35% 알 수 있다.

장애 학생들은 타인의 말을 적극적으로 경청할 때 일반인들로부터 더욱더 배려받고 존중받을 수 있다. 타인과 말을 할 때 그 사람의 얼굴 표정, 몸짓,

억양, 어투 등을 잘 듣고 기록해 보자. 두 사람씩 짝을 지어서 연습해 보고, 책의 '경청의 연습' 예시와 같이 빈칸에 기록해 보기 바란다.

QR 코드를 찍으면 〈수화 동영상〉 설명을 보실 수 있습니다.

9 내 안의 행복 찾기

대학생들에게 인생의 목적이 무엇이냐고 물어보면 '교사 되기' '부자 되기'와 같이 말한다. 이처럼 인생의 목적은 각 개인이 추구하는 행복이라는 지점을 향해서 가지만 그 행복을 달성하기 위한 수단은 저마다 다르다. 대학생뿐만 아니라 모든 사람의 인생의 목적은 행복해지는 것이다. 사람들은 행복을 원하고 추구하지만 진정 자신이 원하는 행복이 무엇인지에 대해서는 둔감한 것 같다. 행복이란 일상생활에서 만족과 기쁨을 느끼는 마음이기 때문에 저마다 추구하는 욕구에 따라 행복감이 다르다. 즉, 개개인의 행복은 각자가 느끼는 마음에 달려 있다고 할 수 있다.

인간에게 100%의 행복이란 없다고 한다. 인생이라는 자체가 어렵기 때문에 인간이 행복할 때는 83% 정도의 행복감과 17%의 두려움이 늘 있다는 것이다(에드 디너, 로버트 비스워스

디너, 2009). 어려운 인생에서 행복하게 살아가기 위해서는 긍정적인 사고와 마음을 가지고 느끼는 것이 중요하다. 학생들에게 '언제 가장 행복하고 즐거웠는지'를 물어보면 대부분은 과거 시절에서 행복한 모습을 찾는 경우가 많다. 하지만 사람에게 있어 가장 행복하고 즐겁고 아름다운 시절은 지금 바로 이 순간이다. 학생들이 지금 이 순간을 잘 보내고 행복해하면 미래와 과거가 아름답다는 것을 느끼지 못한다. 우리가 행복하고 또 미래에 좋은 직업을 갖기 위해서는 지금 바로 이 순간을 의미 있고, 즐겁고, 행복하게 보내야 한다.

우리가 대학을 졸업하고 직업을 갖는다는 것에는 단순히 경제적인 활동의 의미만 있는 것이 아니다. 그것은 우리가 더불어 살아가는 사회에 대한 사회적인 의미, 직업을 통해서 자기계발을 하고 자존감을 갖도록 하는 심리적인 의미 등을 포함한다. 따라서 직업은 개인의 행복을 추구하는 데 필요한 수단적인 의미를 갖고 있다.

우리의 행복은 단순히 경제적인 부의 추구를 통해서만 얻을 수 있는 것이 아니다. 어떤 일에 몰입하고 있을 때, 어떤 일을 함으로써 즐거움을 얻게 될 때 등, 우리는 우리 주위의 작은 활동을 통해서도 얼마든지 행복을 느끼고 가질 수 있다.

청각장애인을 위한 수화 동영상 코너

대학생들에게 인생의 목적이 무엇이냐고 물어보면 '교사 되기' '부자 되기' 와 같이 말한다. 이처럼 인생의 목적은 각 개인이 추구하는 행복이라는 지점을 향해서 가지만 그 행복을 달성하기 위한 수단은 저마다 다르다. 대학생뿐만 아니라 모든 사람의 인생의 목적은 행복해지는 것이다.

사람들은 행복을 원하고 추구하지만 진정 자신이 원하는 행복이 무엇인지에 대해서는 둔감한 것 같다. 직업도 행복을 추구하기 위한 하나의 수단이다. 행복이란 일상생활에서 만족과 기쁨을 느끼는 마음이기 때문에 저마다 추구하는 욕구에 따라 행복감이 다르다. 즉, 개개인의 행복은 각자가 느끼는 마음에 달려 있다고 할 수 있다. 지금 바로 이 순간 최선을 다할 때 과거와 미래는 자연스럽게 아름다워진다.

QR 코드를 찍으면 〈수화 동영상〉 설명을 보실 수 있습니다.

Part 02

신입 사원 이미지 메이킹

10
운이 좋은 사람

요즘 면접을 한 번만 보고 바로 직장에 들어갈 수 있는 사람이 거의 없다고 할 정도로 취업난이 대단하다. 특히 장애인의 경우에는 더 많은 어려움이 있으리라 쉽게 짐작할 수 있을 정도로 취업하기가 쉽지 않은 것이 현실이다. 대부분이 여러 번의 면접 경험을 통해 취업을 하기 때문에 면접에 대한 두려움을 가지게 된다. 면접을 통해 취업한 사람들을 보면 운이 좋아 성공한 것처럼 보이기도 하지만, 그들에게서는 틀림없이 성공하기 위한 노력의 흔적을 발견할 수 있다.

광고 대행사에 입사원서를 제출한 A군은 서류를 제출한 순간부터 그 회사에 대한 연구를 시작하였다. 회사의 위치, 규모, 직원 수 등은 기본이고, 가장 주력하는 광고와 최근에 반응이 가장 좋은 광고, 반응이 가장 나쁜 광고에 대한 모니터링을 하였다. 또한 최근에 광고 대상은 어디서 수상하였는지, 광고 모델은 누구이고 어떤 제품이었는지, 광고가 어필하고자 하는 메시지는 무엇인지에 대한 꼼꼼한 조사가 이루어졌다. 또한 면접 복장을 위해 광고 회사에 대하여 연구해 보았다. 광고 회사는 일의 특성상 시대를 앞서 나가는 성향을 가지고 있다. 그래서 무난한 정장보다는 유행을 느낄 수 있는, 몸을 돋보이게 하도록 허리 라인이 들어가 있고 뒤트임이 없는 이탈리안 스타일의 슈트를 선택하며, 푸른색에 약간의 장식이 있는 드레스 셔츠로 코디하였을 때 면접관들에게 시대를 앞서 가는 세련된 느낌을 줄 수 있다고 판단하였다.

금융 회사에 지원한 B양도 서류를 제출하면서 연구에 돌입했다. 최근의 경기 상황, 세계 금융의 흐름, 부동산 시장, 금값, 소비자의 심리 등을 연구하기 위해 신문과 관련 잡지를 가능하면 많이 읽어 보았다. 또한 지원한 회사에 대한 정보를 모으기 시작하였고, 회사의 로고, 홈페이지의 내용과 색상, 본사 건물의 디자인과 색상 등을 미리 가서 보고 확인하였다. B양이 이력서를 제출한 회사의 로고나 간판은 파란색을 주로 사용하고 있었고, 본사 건물은 장식이 없는 간결한 형태였으며, 로비는 천장이 높아 시원시원한 구조를 하고 있었다. B양은 면접에서 입을 옷을 푸른색 정장으로 결정하였다. 기업에서 직원이 근무하면서 회사의 로고나 사무실 인테리어 색상인 푸른색에 익숙해졌을 것이어서 푸른색에 호감을 느낄 것이라 추정했기 때문이다. 정장 안에 입는 이너웨어(inner wear)는 금융 회사에서 중요하게 생각할 수 있는 정직함과 성실함을 암시할 수 있는 흰색으로 결정하였다. 하지만 흰색 블라우스는 다소 촌스러워 보일 수 있고 많은 사람이 입고 올 것이기 때문에 가는 스트라이프가 프린트된 원단을 선택하였다. 또한 간결한 건물을 의식해서 귀걸이와 목걸이는 장식이 없는 모던하고 심플한 은색으로 결정하였다. 휠체어에 앉아 면접을 본다는 점을 고려해 얼굴에 시선을 모으기 위해서 자신의 둥근 얼굴이 정확한 인상을 심어주기에는 다소 미흡할 것이라 판단하여 안경테도 은색의 사각 형태로 선택하였다. 또한 둥근 얼굴을 시원하게 보이기 위해 이마와 눈을 덮지 않도록 은색으로 묶었으며, 특별한 장식을 하지 않았다. 구두와 핸드백은 푸른색 정장이 다소 촌스러워 보일 수 있음을 보완해 주면서 이너웨어와도 잘 어울리는 흰색으로 결정하였다.

어떠한 결과를 가져왔을까? 대학생 또는 사회 초년생의 입장에서는 너무 많은 연구를 해야 하는 것은 아닐까 하고 걱정할 수도 있다. 하지만 노력 없이 그냥 이루어지는 것은 하나도 없고 좋은 결과가 나타날 수도 없다. 여러 회사에 무턱대고 이력서를 많이 접수하기보다는 자신이 잘할 수 있는 분야와 기업을 선정해서 이력서를 제출하고, 연구하는 자세와 긍정적인 사고방식, 끈기와 오기를 가지고 노력한다면 언젠가는 원하는 취업에 성공하게 될 것이다.

062
성공적인 취업을 위한 진로 계획과 이미지 메이킹

청각장애인을 위한 수화 동영상 코너

요즘 면접을 한 번만 보고 바로 직장에 들어갈 수 있는 사람이 거의 없다고 할 정도로 취업난이 대단하다. 특히 장애인의 경우에는 더 어려울 수 있다. 주위에서 취업한 사람들을 보면 운이 좋아 보이지만, 자세히 살펴보면 많은 노력이 있음을 알 수 있다.

A군은 자신이 지원한 광고 대행사의 규모, 최근에 반응이 가장 좋은 광고와 반응이 가장 나쁜 광고에 대한 모니터링을 하였다. 광고가 알려 주고자 하는 메시지는 무엇인지에 대한 조사도 꼼꼼히 하였다. 또한 광고 회사는 일의 특성상 시대를 앞서 나가기 때문에 무난한 정장보다는 유행을 느낄 수 있는 스타일로 선택하였다. 특히 장애인이지만 당당하게 보일 수 있도록 붉은색 넥타이로 색에도 신경을 썼다.

금융 회사에 지원한 B양도 최근의 경기 상황, 세계 금융의 흐름, 부동산 시장 등을 연구하기 위해 신문과 관련 잡지를 많이 읽어 보았다. 그녀가 지원한 회사의 로고나 간판은 파란색을 주로 사용하고 있었고, 본사 건물은 장식이 없는 형태로, 천장이 높은 시원시원한 구조를 하고 있었다. B양은 면접에서 입을 옷을 푸른색 정장으로 결정하였다. 정장 안에 입는 이너웨어(inner wear)는 금융 회사에서 중요하게 생각할 수 있는 정직함과 성실함을 암시할 수 있는 흰색으로 결정하였다. 또한 휠체어에 앉아 면접을 본다는 점을 고려해 얼굴에 시선을 모으기 위해서 안경테도 은색의 사각 형태로 바꾸었다.

여러 회사에 이력서를 많이 접수하기보다는 자신이 잘할 수 있는 분야와 기업을 선정해서 이력서를 제출하고, 연구하는 자세와 긍정적인 사고방식, 끈기와 오기를 가지고 노력한다면 언젠가는 원하는 취업에 성공하게 될 것이다.

QR 코드를 찍으면 〈수화 동영상〉 설명을 보실 수 있습니다.

출처: TNGT

11
이미지 메이킹이란 무엇인가

최근에 이미지 메이킹이란 단어가 자주 등장한다. 특히 외모에 대한 관심이 커지고, 면접 등을 통해 자신을 알려야 하는 경우가 많아지면서부터 주목을 받고 있다. 이미지(image)란 개인이 가지고 있는 자기만의 기호이고, 다른 사람들에게 기억되는 종합적인 정보라고 할 수 있다. 이미지에는 얼굴 생김새, 체형, 걸음걸이, 말하는 방법, 표정, 매너, 옷차림 등이 포함된다. 이미지 메이킹은 '이미지를 향상시키다' '이미지를 바꾸다' 등의 사전적 의미처럼 기본적인 이미지를 아름다움의 추구를 통해 '개선' 하는 것을 목적으로 하고 있다. 따라서 이미지 메이킹은 자신에게 어울리는 복장을 착용하고 메이크업이나 액세서리를 해서 고유의 이미지를 바꾸어 주어 자기 만족감을 높이고, 사회에서 자신감을 구축함으로써 사회적 지위 향상과 직업 및 성격, 잠재 능력 향상에 도움이 될 수 있다.

취업을 위해 이력서를 제출하고 면접 날짜를 통보받았다면 누구나 긴장하게 된다. 장애인이 면접에 참여한다는 것은 서류 전형이 통과된 것이기에 기업에서도 장애인임을 알고 있으며, 채용 의사도 긍정적이라는 것을 짐작할 수 있다. 따라서 장애인이기 때문에 부끄럽거나 주눅 들 필요 없이 당당하게 면접에 임하는 것이 오히려 좋은 결과를 가져올 수 있고, 자신이 장애를 가지게 된 이유와 현재의 마음가짐, 앞으로의 목표와 기업에서 열심히 일할 수 있다는 자신감을 가지는 것이 성공의 비결이다. 또한 이러한 마음가짐을 외모에서도 드러낸다면 더 좋은 결과를 얻을 수 있다.

면접에서 얼굴, 옷차림 등을 포함하여 외모가 차지하는 비중은 60% 정도라고 한다. 질문에 대한 답변 내용과 목소리 등의 음성적 요소는 30%, 행동이나 버릇 등의 몸짓은 그 나머지가 된다. 이처럼 대부분을 차지하는 외적 이미지를 통해 첫인상이 결정되므로, 좋은 외적 이미지로 면접관에게 호감을 얻게 되면 취업에 훨씬 유리해질 수 있다. 하지만 지체장애인이나 시각장애인 등 대다수 장애인의 경우는 외모가 비장애인과 비교될 때 부담스러움, 두려움과 긴장을 갖게 되어 여러 가지 신체적 증상이 나타나게 된다. 목소리가 떨리거나 소리가 작아지고 입이 마르는 것이 가장 일반적인 증상인데, 이는 면접을 보는 사람이라면 누구나 겪는 일이기에 스스로를 격려하고 분위기에 익숙해지도록 노력하면서 안정을 취하는 것이 중요하다. 면접관과 대화를 하면서 말이 막히면 '어, 으, 그' 등의 무의미한 소리를 내게 되는데, 자주 사용하면 감점이 될 수 있다. 따라서 잠깐 침묵하면서 생각을 정리하여 다시 정확히 이야기하는 편이 좋다. 청각장애인의 경우 소리를 듣지 못하기 때문에 의자에 앉을 때 큰 소리를 내거나 신발을 끄는 등의 소음이 발생할 수 있으므로 면접 전부터 주의하는 습관을 들이도록 한다.

면접은 기업체가 원하는 인재를 채용하기 위한 과정으로, 걸음걸이, 앉은 태도, 습관 등으로 구직자의 인성을 예상하게 된다. 장애인 중 상당수는 비장애인과의 비교가 예상되면 위축되고 자신감을 상실하여 불안해한다. 하지만 장애인들도 열등감을 극복하고 자신의 외모에 대하여 인정하면 얼굴 표정도 밝아지고 면접 태도도 훨씬 자연스러워질 수 있다. 머리를 자주 만지거나, 손을 움직이거나, 눈동자를 이리저리 굴리거나 자주 깜빡이는 등의 행동은 신체적 통제력을 상실했다는 의미로 받아들여 병약한 느낌을 줄 수 있다. 그러므로 고개를 고정시키고 말하는 훈련을 한다. 우울한 표정은 자신감이 없어 보이기 때문에 능력과 상관없이 탈락될 수 있으므로 미소를 띤 부드러운 표정으로 여유를 가지면서 면접관의 눈을 보고 대답한다.

자신의 아름다운 부분을 돋보이게 하고 결점은 감추며, 새로운 모습으로 타인에게 인식되기를 바라는 미적 욕구는 매우 자연스러운 것이다. 외모 의존도가 지나치지 않는다면 이를 통해 자기만족을 얻기도 한다. 여성의 경우는 여성의 외모를 중시하는 풍토가 아직도 존재하기 때문에 패션 연출과 액세서리

활용, 메이크업을 통해 장애의 이미지를 개선하면 긍정적인 내적 이미지가 구축되어 개인의 능력을 극대화할 수 있다.

청각장애인을 위한 수화 동영상 코너

장애인이 면접에 참여한다는 것은 서류 전형이 통과된 것이기에 기업에서도 장애인임을 알고 있으며, 채용 의사가 있다는 것을 짐작할 수 있다. 따라서 장애인이기 때문에 부끄럽거나 주눅 들 필요 없이 당당하게 면접에 임하는 것이 좋은 결과를 가져올 수 있다.

면접에서 얼굴, 옷차림 등을 포함하여 외모가 차지하는 비중은 60% 정도라고 한다. 질문에 대한 답변 내용과 목소리 등의 음성적 요소는 30%, 행동이나 버릇 등의 몸짓은 그 나머지가 된다. 이처럼 대부분을 차지하는 외적 이미지를 통해 첫인상이 결정되므로 좋은 외적 이미지로 면접관에게 호감을 얻게 되면 취업에 훨씬 유리해질 수 있다. 하지만 장애인인 자신과 비장애인이 비교되면 목소리가 떨리거나 소리가 작아지고 입이 마르게 된다. 이런 증상은 면접을 보는 사람이라면 누구나 겪는 일이기에 스스로를 격려하고 분위기에 익숙해지도록 노력하면서 안정을 취하는 것이 중요하다. 청각장애인의 경우 소리를 듣지 못하기 때문에 의자에 앉을 때 큰 소리를 내거나 신발을 끄는 등의 소음이 발생할 수 있으므로 면접 전부터 주의하는 습관을 들이도록 한다.

머리를 자주 만지거나, 손을 움직이거나, 눈동자를 이리저리 굴리거나 자주 깜빡이는 등의 행동은 신체적 통제력을 상실했다는 의미로 받아들여 병약한 느낌을 줄 수 있다. 그러므로 머리를 고정시키고 말하는 훈련을 한다. 미소를 띤 부드러운 표정으로 여유를 가지면서 면접관의 눈을 보고 대답한다.

068

성공적인 취업을 위한 진로 계획과 이미지 메이킹

QR 코드를 찍으면 〈수화 동영상〉 설명을 보실 수 있습니다.

12
내면의 아름다움을 표현하기

사람은 누구나 바라는 직업이 있고 원하는 스타일이 있다. 자신이 추구하는 방향에 따라 무의식중에 옷을 고르게 되고, 가방을 구입하고, 스카프를 선택하고, 목걸이도 한다. 하지만 무엇보다도 자기 자신을 정확히 파악하여 옷을 구입하는 것이 우선이다. 하지만 나를 잘 안다는 것은 쉬운 일이 아니다. 거울을 통해 내가 나를 보는 시간보다 다른 사람들이 나를 바라보는 시간이 훨씬 길기 때문에, 외출하기 전에 잠깐 거울 속에 비친 모습으로 나를 인식하는 것은 타인에 의해 인식되는 것과 차이가 있을 수 있다.

백화점에서 소비자의 시선을 가장 많이 받으며 판매 또한 가장 많이 이루어지는 곳은 마네킹이 있는 코너다. 소비자는 팔등신의 멋진 몸매를 드러낸 마네킹이 입고 있는 제품을 보면서 자신이 입으면 마네킹과 비슷하게 될 것으로 순간 착각하게 되어 그 제품을 구매하게 된다. 하지만 이 시대를 살아가는

20~30대의 사람들 중 모델처럼 멋진 몸매를 가지고 있는 사람은 얼마나 될까? 초 · 중 · 고등학교 및 대학을 거치면서 많은 시간을 책상에 앉아 공부하였기 때문에 허벅지에 살이 많고 엉덩이가 묵직한 하체 비만형이 많다. 그렇지 않으면 상체가 하체에 비하여 길고, 얼굴은 크지만 몸이 마른 경우도 있다. 또한 휠체어를 오랜 기간 사용하여 하체에 비하여 상체가 많이 발달되어 있기도 하고, 클러치 사용으로 한쪽 어깨가 올라가 있기도 하다. 작은 얼굴, 긴 다리, 잘록한 허리 등 서구 체형으로 제작된 마네킹과 우리나라 사람의 체형 간에는 상당한 거리가 있다.

건강을 위해서이기도 하지만 우리에게 주어진 신체 조건을 보기 좋게 관리하기 위하여 많은 사람이 운동이나 요가 등을 한다. 또 어떤 사람들은 성형외과를 찾아가기도 한다. 쌍꺼풀 수술을 하거나 코를 높이기 위해 성형을 하는 것이 유행처럼 번지기는 하지만, 성형은 비용이 많이 들뿐만 아니라 잘못되면 회복이 불가능한 경우도 발생하기 때문에 권하고 싶지 않다. 오히려 주어진 신체 조건보다는 내면의 아름다움을 면접관에게 보여서 좋은 인상을 심어 주도록 하기 위해 신체의 결점을 커버할 수 있는 요령을 찾는 것이 더 효과적이다. 대학에서 '취업 면접 이미지 메이킹' 수업 시간에 학생들에게 거울 앞에서 자신을 머리부터 발끝까지 10분 이상 바라보게 하면 대부분은 쑥스러워하고 어색해한다. 또 거울을 바라보면서 자신의 장단점을 찾으라고 하면 쉽게 찾아내지 못한다. 하지만 다른 사람의 장단점은 매우 빠르고 정확하게 찾아낸다. 자신을 정확히 파악하여 자신의 장단점을 알고 이미지 메이킹을 하면 빠른 시간 내에 많은 부분을 개선할 수 있다. 매일 5분 정도 거울을 보면서 연습을 하자. 면접에서는 같은 조건이라면 예쁜 얼굴에 멋진 몸매의 소유자를 채용할 가능성이 높다. 하지만 그러한 사람들만이 성공하는 세상이 아니라는 사실을 기억해 주기 바란다. 우리 사회에서 성공한 사람들을 보면 잘생긴 사람보다는 성실하고 노력하는 사람이 더 많기 때문이다.

청각장애인을 위한 수화 동영상 코너

사람은 누구나 바라는 직업과 외모가 있다. 자신이 좋아하는 옷도 고르고, 휠체어도 결정하고, 가방도 구입한다. 무엇보다 자기 자신의 신체 구조를 정확히 알고 옷을 사는 것이 중요하다. 하지만 자신의 신체적 특징을 잘 안다는 것은 쉬운 일이 아니다. 특히 중도장애인의 경우에는 거울을 보기 싫어하는 경우가 많아 신체적 파악이 쉽지 않다.

이 시대를 살아가는 20~30대의 사람들 중 모델처럼 멋진 몸매를 가지고 있는 사람은 얼마나 될까? 휠체어를 오랜 기간 사용하여 하체에 비해 상체가 많이 발달되어 있기도 하고, 클러치 사용으로 한쪽 어깨가 올라가 있기도 하다.

'취업 면접 이미지 메이킹' 수업 시간에 학생들에게 거울 앞에서 자신을 머리부터 발끝까지 10분 이상 바라보게 하면 대부분은 쑥스러워하고 어색해한다. 또 거울을 바라보면서 자신의 장단점을 찾으라고 하면 쉽게 찾아내지 못한다. 하지만 다른 사람의 장단점은 매우 빠르고 정확하게 찾아낸다. 자신을 정확히 파악하여 자신의 장단점을 알고 이미지 메이킹을 하면 빠른 시간 내에 많은 부분을 개선할 수 있다. 매일 5분 정도 거울을 보면서 연습을 하자. 면접에서는 같은 조건이라면 예쁜 얼굴에 멋진 몸매의 소유자를 채용할 가능성이 높다. 하지만 그러한 사람들만이 성공하는 세상이 아니다. 우리 사회에서 성공한 사람들을 보면 잘생긴 사람보다는 성실하고 노력하는 사람이 더 많기 때문이다.

QR 코드를 찍으면 〈수화 동영상〉 설명을 보실 수 있습니다.

13
왜 똑같아지고 싶을까

면접관 입장에서 신입 사원 면접을 보다 보면 참 재미있는 사실을 발견하게 된다. 면접장에 들어오는 사람들은 유니폼이라도 입은 것처럼 비슷비슷한 옷차림과 머리 스타일을 하고 들어온다는 사실이다. 취업이 어렵기 때문에 대부분의 사람이 몇 번씩 면접을 보아 경험도 많이 있을 텐데, 왜 거의 비슷한 스타일을 하고 면접장에 오는 것일까? 최소한 '몇 십 대 일'의 치열한 경쟁 상황임을 알면서도 거의 비슷한 색상의 옷차림에 비슷한 머리 스타일, 비슷한 표정으로, 비슷한 휴대전화를 들고 대기실에 앉아 있는 것을 보면 씁쓸하기까지 하다.

요즘 지하철을 타거나 거리를 다니다 보면 유행하는 특정 브랜드의 점퍼나 신발을 신은 학생들을 자주 만나게 되며, TV 속의 아이돌 스타들의 얼굴도 구분이 잘 되지 않을 정도로 비슷비슷하다. 젊음의 끼와 개성을 발산하기보다는 비슷한 분위기에 자신이 묻히기를 원하는 것 같다. 우리나라의 교육 특성상

대학 혹은 고등학교까지 많은 학생이 열심히 공부만 하였기 때문에 특별한 경험이나 경력을 가진 경우가 많지 않아 이력서에 쓸 수 있는 내용도 거의 비슷할 것이다. 그렇다면 면접에서 많은 비중을 차지하는 외모에서라도 차별화하려는 노력을 하여야 하지 않을까? 외모란 선천적으로 타고나지만 노력으로 변화를 줄 수 있는 부분도 있다. 운동을 열심히 해서 몸매를 좋게 만들 수도 있고, 예쁘게 화장을 해서 세련되게 보일 수도 있는 것이다. 자신의 능력을 한층 더 돋보이게 하는 외모에 투자하는 것은 당연하다.

그러나 직장을 구하기 위한 면접은 미스코리아나 미스터코리아를 뽑는 선발 대회가 아니다. 면접장은 서류 전형에 통과된 사람들을 대상으로 인성과 태도 등을 보면서 조직 생활을 잘할 수 있는지, 회사에 긍정적인 도움이 될 사람인지를 판단하는 장소다. 하지만 일부 구직자들은 예쁘고 멋있는 사람을 뽑는 장소로 오해하는 것 같다. 인격과 소양을 쌓고 사회인으로서 자신의 삶을 멋지게 개척할 사람들이라면 외적인 부분에 치중하기보다 내적인 아름다움에 노력하는 것이 우선시되어야 한다. 다시 말해, 내적인 아름다움이 드러나게 될 때 더욱 가치가 돋보이는 것이다. 내적인 가치는 말, 행동, 걸음걸이, 눈빛 등에서 드러난다.

가끔 면접자들 중에 '살아 있는 눈빛'을 가진 사람이 있다. 살아 있는 눈빛이라 함은 독기가 가득한 반항적인 눈빛을 말하는 것이 아니라, 초롱초롱하면서도 자기 삶에 대한 열의가 가득 차 있는 반짝반짝 빛나는 선명한 눈동자를 말한다. 이런 사람들의 공통적인 특징은 책임감이 강하고, 긍정적이며, 도덕성을 가지고 있고, 도전적이라는 것이다. 면접장에서는 얼굴 생김새에 상관없이 살아 있는 눈빛을 가진 사람들이 선택될 확률이 대단히 높다. 살아 있는 눈빛은 생김새와는 달리 유전적으로 물려받기보다는 자기의 노력에 의해 만들어진다. 성형으로 변화되는 얼굴 모습보다는 살아 있는 선명한 눈을 만들기 위해 노력하자.

청각장애인을 위한 수화 동영상 코너

자신의 능력을 한층 더 돋보이게 하기 위해 외모에 투자하는 것은 당연하다. 하지만 최근 외모에 대한 투자 중 성형의 비중이 커지고 있다. 성형을 한 사람들을 보면 이목구비가 서로 비슷해서 독특한 개성을 잃어버린 감정 없는 인형 같은 이미지가 만들어진다.

직장을 구하기 위한 면접은 미스코리아나 미스터코리아를 뽑는 선발 대회가 아니다. 면접장은 서류 전형에 통과된 사람을 대상으로 인성과 태도 등을 보면서 조직 생활을 잘할 수 있는지, 회사에 긍정적인 도움이 될 사람인지를 판단하는 장소다. 하지만 일부 구직자들은 예쁘고 멋있는 사람을 뽑는 장소로 오해하는 것 같다. 외적인 부분에 치중하기보다는 내적인 아름다움에 노력하는 것이 우선시되어야 한다. 내적인 가치는 말, 행동, 걸음걸이, 눈빛 등에서 드러난다.

가끔 면접자들 중에 '살아 있는 눈빛'을 가진 사람이 있다. 살아 있는 눈빛이라 함은 독기가 가득한 반항적인 눈빛을 말하는 것이 아니라, 초롱초롱하면서도 자기 삶에 대한 열의가 가득 차 있는 반짝반짝 빛나는 선명한 눈동자를 말한다. 이런 사람들의 공통적인 특징은 책임감이 강하고, 긍정적이며, 도덕성을 가지고 있고, 도전적이라는 것이다. 면접장에서는 얼굴 생김새에 상관없이 살아 있는 눈빛을 가진 사람들이 선택될 확률이 대단히 높다. 살아 있는 눈빛은 유전적으로 물려받기보다는 자기의 노력에 의해 만들어진다. 성형으로 변화되는 얼굴 모습보다는 살아 있는 선명한 눈을 만들기 위해 노력하자.

QR 코드를 찍으면 〈수화 동영상〉 설명을 보실 수 있습니다.

14
매우 보수적인 직업

우리 사회에는 튀는 의상과 액세서리가 별로 환영받지 못하는 직업이 있다. 직업 시스템에 절대적으로 순응하고, 극단적인 보수주의 성향을 보이며, 지위와 책임, 서열과 의전(儀典) 등을 중요시 여기는 직업으로는 법조계, 의료계, 정치계, 학계, 공공기관 등을 들 수 있다. 이런 직업에서 정장은 개성을 표현할 수 있는 수단이기보다 유니폼의 성격이 강하기 때문에 면접 시 패션에 민감한 복장은 오히려 감점을 받을 가능성이 많다. 특히 면접관들이 40~50대 정도의 연령이기 때문에 이러한 보수성은 더욱 강할 수밖에 없다.

최근에는 법조계나 정치계에도 자유스러운 분위기가 조성되면서 정장 대신 세미 캐주얼이 허용되어 가는 분위기이기는 하다. 하지만 여전히 유행에 민감하고 패션을 중요시한 정장을 입은 사람은 가볍고 변덕스럽고 허영심이 많다는 오해를 불러일으킬 수 있다.

그렇다면 보수적인 직업에 어울릴 만한 복장으로는 어떤 것이 있을까? 남자의 경우 신용과 신뢰도에 중점을 둔 복장으로 짙은 색상의 슈트 안에 흰색 와이셔츠와 붉은색 또는 푸른색, 사선 무늬 넥타이 등 점잖아 보이면서도 힘을 느낄 수 있는 있는 형태와 색상을 선택하는 것이 좋다. 요즘 유행하는 반짝이 넥타이는 가능하면 하지 않는 편이 좋고, 노란색이나 하늘색 등의 연한 단색 넥타이도 나약해 보일 수 있기에 권하고 싶지 않다. 또한 드레스 셔츠는 여름이라고 하더라도 꼭 긴팔을 입을 것을 권한다. 반팔 셔츠를 입고 재킷을 걸치면 넥타이를 맨 부분이 깨끗이 정돈되지 않고 주름이 생겨 정장의 깔끔함이 사라지게 된다. 양복 소매 끝으로 흰 드레스 셔츠가 드러남으로써 완성되는 신사의 이미지에서 소매 끝의 흰 선이 사라지면서, 뭔지 모를 어색함 때문에 자신의 장점을 드러내기 전에 결점부터 눈에 띄게 하는 결과가 생길 수 있다.

여성의 경우도 붉은색이나 노란색 등 지나치게 눈에 띄는 색상의 정장보다는 검은색, 파란색, 흰색 등의 정장으로 깔끔한 인상을 준다. 짙은 색 정장 안에 흰색 블라우스를 입으면 고지식하고 개성이 없어 보일 수 있으므로 부드러운 파스텔 톤의 색상으로 여성스러움을 느끼도록 하자. 꼭 치마를 입을 필요는 없으므로 정장 상의와 비슷한 색상의 바지 또는 치마를 입는 것이 좋다. 치마를 입는다면 짧으면서 퍼지는 치마보다는 무릎 높이의 치마에 벨트를 하여 정돈된 느낌을 주도록 한다. 또한 여름일지라도 샌들보다는 발가락이 안 보이는 구두를 신는 것이 좋다. 품위를 느끼도록 하기 위해 주얼리의 색상도 단정한 금색으로 선택하는 것이 좋다.

보수적인 직업이 어떤 느낌인지 잘 이해되지 않는다면, 조직의 분위기를 파악하기 위해 서류를 접수하는 날 직접 찾아가 담당 부서 사람들의 옷차림을 유심히 살펴보면 좋다. 특히 직속 상관이나 팀의 리더격인 사람의 옷차림을 보면 조직 문화를 이해할 수 있고, 면접 복장을 어떻게 해야 할지 계획을 세울 수 있다.

청각장애인을 위한
수화 동영상 코너

우리 사회에는 화려한 복장이 환영받지 못하는 직업이 있다. 직업 시스템에 순응하고, 보수주의 성향을 보이며, 지위와 책임, 서열 등을 중요시 여기는 직업으로는 법조인, 의사 및 간호사, 정치인, 공무원, 학교 교사 등을 들 수 있다. 이런 직업에서 양복은 개성을 표현하는 수단이기보다는 유니폼의 성격이 강하기 때문에 화려한 면접 복장은 오히려 감점을 받을 가능성이 매우 크다. 특히 면접관들이 40~50대 정도의 연령이기 때문에 이러한 보수성은 더욱 강할 수밖에 없다.

최근에는 정치계나 법조계에도 자유스러운 분위기가 조성되면서 정장 대신 세미 캐주얼이 허용되는 분위기다. 하지만 여전히 유행에 민감하고 패션을 중요시한 정장을 입은 사람은 가볍고 변덕스럽고 허영심이 많다는 오해를 불러

일으킬 수 있다.

남자의 경우 신용과 신뢰도를 중요시했음을 느끼게 하는 복장으로 짙은 청색이나 회색의 양복 안에 무늬 없는 흰색 와이셔츠와 붉은색 또는 푸른색, 사선 무늬 넥타이 등 점잖아 보이면서도 힘을 느낄 수 있는 형태와 색상을 선택하는 것이 좋다. 요즘 유행하는 반짝이 넥타이는 좋지 않고, 노란색이나 핑크색 등 연한 단색 넥타이도 나약해 보일 수 있기에 권하고 싶지 않다. 또한 드레스 셔츠는 여름이라고 하더라도 꼭 긴팔을 입는 것이 좋다. 반팔 셔츠를 입고 재킷을 걸치면 넥타이를 맨 부분이 깨끗이 정돈되지 않고 주름이 생겨 정장의 깔끔함이 사라지게 된다. 양복 소매의 끝으로 흰 드레스 셔츠가 드러남으로써 완성되는 신사의 이미지에서 소매 끝의 흰 선이 사라지면서, 뭔지 모를 어색함 때문에 자신의 장점을 드러내기 전에 결점부터 눈에 띄게 하는 결과가 생길 수 있다.

여성의 경우도 붉은색이나 노란색 등 지나치게 눈에 띄는 색상의 정장보다는 검은색, 파란색, 흰색 등의 정장으로 깔끔한 인상을 준다. 짙은 색 정장 안에 흰색 블라우스를 입으면 고지식하고 개성이 없어 보일수 있으므로 부드러운 파스텔 톤의 색상으로 여성스러움을 느끼도록 하자. 꼭 치마를 입을 필요는 없으므로 정장 상의와 비슷한 색상의 바지 또는 치마를 입는다. 치마를 입는다면 짧으면서 퍼지는 치마보다는 무릎 높이의 치마에 벨트를 하여 정돈된 느낌을 주도록 한다. 또한 여름일지라도 샌들보다는 발가락이 안 보이는 구두를 신는 것이 좋다.

QR 코드를 찍으면 〈수화 동영상〉 설명을 보실 수 있습니다.

15
면접 시 긴장감 해소하기

구직자들은 면접을 보기 위해 많은 준비를 한다. 하지만 막상 면접 날짜가 결정되면 걱정이 앞서면서 마음의 평정심을 잃게 되기 쉽다. 면접을 여러 번 봐서 단련되었다 하더라도 긴장되기는 마찬가지다. 면접장에 들어서면서부터 가슴이 조여 오고 얼굴에 경련이 일기도 한다. 또한 웃으려고 노력하지만 마음처럼 표정이 자연스럽지 않다. 결국 목소리가 떨리고, 주의 집중이 되지 않기 때문에 말도 빨라진다. 수화를 사용하는 청각장애인의 경우에는 표정이 굳어지거나 손 동작이 커지고, 행동이 빨라지기도 한다.

장애인의 경우 비장애인 앞에서 면접을 보면 위축될 수 있다. 하지만 면접이 누구에게나 사회로 진입하는 하나의 통과의례라고 생각하면 특별히 더 떨 필요도 없다. 오히려 적극적이면 좋다.

어떤 사람들은 면접장에서 쿵쿵거리는 가슴을 진정시키기

위해 진정제를 먹는 경우도 있다. 하지만 면접 내내 몽롱한 상태가 계속되어 무슨 질문을 하였는지, 어떻게 대답을 하였는지 기억이 잘 나지 않는다면 큰일이다. 약의 힘을 빌리기보다는 긍정적인 사고와 자신감을 갖자. 일어나지도 않은 실수를 미리 걱정하지 말고, '나는 할 수 있다.' '나는 나를 믿는다.' '나는 자신 있다.' 를 반복하면서 스스로에게 긍정의 최면을 거는 것도 좋은 방법이다. 긴장을 풀 수 있는 방법으로 손을 쥐었다 폈다 하거나 호흡을 가다듬는 것도 좋다. 하지만 면접장에서는 산만해 보일 수 있으니 면접장에 들어가기 전에 한다. 면접장에서 계속 긴장된다면 신발 속에서 발가락을 오므렸다 폈다를 반복하는 것도 좋다. 이 방법은 외적으로 표시 나지 않으면서 마음을 정리할 수 있어 효과적이다.

말을 하다가 막히면 '어, 저, 으' 와 같은 소리를 반복적으로 사용하기도 한다. 앞머리를 자꾸 쓸어올리거나, 눈을 자주 깜박이고, 손톱을 물어뜯기도 하며, 한쪽 다리를 떨기도 하는데 이는 말하는 사람의 입장에서는 별 의미가 없지만 반복적으로 듣게 되면 짜증이 나기도 하고 감점 요소가 된다. 따라서 답변이 생각나지 않으면 잠깐 침묵하였다가 말하는 편이 낫다. 평상시 친구들과의 대화에서도 의식적으로 상대방의 말에 귀를 기울이고, 대화에서 단점을 찾아내는 것도 좋다. 또한 여자 면접자들의 경우 간혹 머리를 반복적으로 만지거나 흔드는 경우가 있는데, 이는 산만해 보이고 주관이 없어 보이는 행동이므로 고개를 고정시키는 훈련을 한다.

자신의 인생이 결정되는 면접에 예민하지 않을 사람은 한 사람도 없을 것이다. 면접을 잘하고 싶은 마음이 클수록 자신이 저지른 작은 실수에 분노하고 좌절하게 된다. 하지만 아무리 강심장이라 하더라도 면접에서 평상시와 같이 긴장하지 않고 임하는 사람은 없을 것이다. 설령, 실수를 하였다고 하더라도 자신의 실수에 대하여 너그럽게 스스로를 위로해 주어야 한다. 이후 다시 면접의 기회가 찾아온다면 같은 실수를 다시 하지 않으면 된다는 마음가짐만 가지면 된다.

면접에 대한 두려움을 느끼지 않기 위해서는 사전 준비가 필요하다. 준비가 잘되어 있다면 실수가 최소화되고 두려움이 점차 사라질 것이기 때문이다. 우선 예상 질문을 뽑아 보고, 자신의 얼굴 표정에 집중하면서 거울 앞에서 연습해 보자. 친구들이나 가족 앞에서 모의 면접 연습을 하는 것도 좋다. 어느 정도 준비가 되었다고 생각하면 면접 상황을 녹화해 본다. 녹화된 화면을 보면 생각지도 못한 실수가 눈에 보이기도 한다. 이렇게 연습을 자주 하다 보면 요령이 생기고 자신감도 갖게 될 것이다.

면접에 임하는 것은 기회가 찾아온 것이고, 면접관의 질문에 대한 자신의 의견에 집중하다 보면 불안감이 사라지게 될 것이다. 면접을 50번 정도 보고 입사했다는 어느 사람의 이야기를 들은 적이 있다. 이렇게 입사하기가 어렵다면 비장애인이

취업 면접을 위한 실전 교육 장면

나 장애인 모두에게 면접 보기가 쉽지 않은 일이니 오히려 자신감을 갖자.

청각장애인을 위한 수화 동영상 코너

구직자들은 취업 면접을 위해 많은 준비를 한다. 하지만 막상 면접 날짜가 결정되면 걱정이 앞서게 된다. 면접을 여러 번 봐서 단련되었다 하더라도 긴장되기는 마찬가지다. 면접장에서 긴장감을 느끼게 되면 얼굴에 경련이 일기도 하고, 웃으려고 노력을 해도 마음처럼 표정이 자연스럽지 않다. 결국 목소리가 떨리고, 주의 집중이 되지 않기 때문에 말도 빨라진다. 수화를 사용하는 청각장애인의 경우에는 표정이 굳어지거나 손 동작이 커지기도 한다. 하지만 비장애인과 마찬가지로 면접이 사회로 진입하는 하나의 통과의례라고 생각하면 된다.

어떤 사람들은 면접장에서 쿵쿵거리는 가슴을 진정시키기 위해 진정제를 먹기도 하는데, 이는 면접 내내 몽롱한 상태로 있을 수 있기 때문에 좋지 않다. 따라서 일어나지도 않은 실수를 미리 걱정하지 말고, '나는 할 수 있다.' '나는 나를 믿는다.' '나는 자신 있다.'를 반복하면서 스스로에게 긍정의 최면을 거는 것도 좋은 방법이다. 또한 손을 쥐었다 폈다 하거나 호흡을 가다듬는 것도 좋다. 하지만 산만해 보일 수 있기 때문에 면접장에 들어가기 전에 하는 것이 좋다. 신발 속에서 발가락을 오므렸다 폈다를 반복하는 것도 표시가 나지 않으면서 마음을 정리할 수 있어서 효과적이다. 친구들이나 가족 앞에서 모의 면접 연습을 해 보거나 모의 면접 상황을 녹화해 보면 생각지도 못한 실수가 눈에 보이기도 한다. 연습을 자주 하다 보면 요령이 생기고 자신감도 갖게 될 것이다.

QR 코드를 찍으면 〈수화 동영상〉 설명을 보실 수 있습니다.

16
걸음걸이도 당당하게

취업에서 나날이 경쟁률이 치열해지고 지원자의 스펙도 비슷해져서 그 어느 때보다도 면접이 중요해졌다. 면접의 중요성을 알고 있기 때문에 구직자들은 정장을 입고, 메이크업을 하고, 머리를 멋지게 손질한 상태로 거울 속에 비친 자신의 모습을 보면서 점검한다. 이력서에 붙일 사진도 최대한 예쁘게 나오게 하기 위해 포토샵 처리도 부탁한다. 얼마 전에 대기업의 인사 담당자로 신입 사원 면접을 10년째 해 온 임원과 대화를 한 적이 있는데, 그분의 이야기가 매우 인상적이었다. 오랫동안 면접을 해 보니 대화를 시작하기도 전에 그 사람에 대하여 50% 정도는 파악된다는 것이다. 특히 단체 생활을 잘할 수 있는 사람인지, 예의 바른 사람인지는 거의 틀리지 않는다고 했다. 이것이 어떻게 가능할까? 답변은 아주 간단했다. 걸음걸이, 발소리, 의자에 앉는 태도, 얼굴 표정을 통해서 알 수 있다는 것이다.

인사 담당자 281명이 밝힌 면접 지원자 선호도 (단위 %)

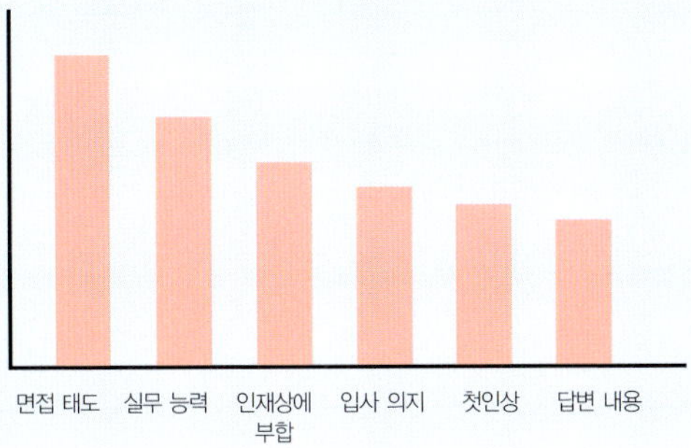

출처: 사람인(http://www.saramin.co.kr)

우리는 늘 걷고 또 걸으면서 생활한다. 늘 걷고 있기 때문에 자신의 걸음걸이가 어떤지 잘 느끼지도 못한다. 엉덩이를 씰룩거리며 걷는 사람, 두 팔을 유난히 흔들면서 걷는 사람, 꾸부정하게 걷는 사람, 어깨가 축 처져 기운 없이 걷는 사람, 땅만 쳐다보면서 걷는 사람, 신발을 끌면서 소리 내며 걷는 사람, 팔자걸음으로 걷는 사람, 정면을 보면서 빠르게 걷는 사람 등 매우 다양하다. 예컨대, 좋아하는 사람을 만나러 갈 때는 걸음걸이가 경쾌해진다. 하지만 실망하였거나 자신이 없을 때는 어깨가 축 처져서 터덜터덜 걸어가기도 한다. 이와 같이 걷는 모습을 보면 그 사람의 마음가짐, 성향과 삶의 태도에 대해서도 알 수 있다.

늘 걷는 걸음이지만 면접장에 들어가서 의자에 앉을 때까지 몇 발짝 되지 않는 데도 그것이 얼마나 길게 느껴지는지 경험한 사람들은 모두 공감할 것이다. 걸음걸이가 중요하다는 것을 알았으므로 이제는 걷는 연습을 해 보자. 바닥에 가는 선을 그어 놓거나 색테이프를 붙여 놓고 걷는 연습을 해 보자.

걸을 때는 다음과 같이 한다.

첫째, 정면을 바라보면서 자연스럽게 미소를 지을 것
둘째, 두 팔을 보폭만큼 자연스럽게 흔들어 줄 것
셋째, 걸을 때 두 무릎뼈가 서로 부딪친다는 생각으로 일자로 걸을 것
넷째, 어깨와 허리를 펴고 당당하게 걸을 것

나 자신을 사랑하고 나를 위해 시간과 노력을 투자하면 분명히 변화가 찾아올 것이다.

청각장애인을 위한 수화 동영상 코너

얼마 전 대기업의 인사 담당자로 신입 사원 면접을 10년째 해 온 임원과 대화를 한 적이 있다. 그분은 면접을 시작하기도 전에 면접장에 들어오는 사람들의 태도, 얼굴 표정, 걸음걸이, 의자에 앉는 행동 등을 보면 단체 생활을 잘할 수 있는 사람인지, 예의 바른 사람인지를 50% 정도는 파악된다고 하는데, 그 판단이 거의 틀리지 않는다고 했다.

우리는 늘 걷고 또 걸으면서 생활한다. 늘 걷고 있기 때문에 자신의 걸음걸이가 어떤지 잘 느끼지도 못한다. 엉덩이를 씰룩거리며 걷는 사람, 두 팔을 유난히 흔들면서 걷는 사람, 꾸부정하게 걷는 사람, 어깨가 축 처져 기운 없이 걷는 사람, 땅만 쳐다보면서 걷는 사람, 신발을 끌면서 소리 내며 걷는 사람, 팔자걸음으로 걷는 사람, 정면을 보면서 빠르게 걷는 사람 등 매우 다양하다.

늘 걷는 걸음이지만 면접장에 들어가서 의자에 앉을 때까지 몇 발짝 되지 않는데도 그것이 얼마나 길게 느껴지는지 경험한 사람들은 모두 공감할 것이다. 따라서 거울을 보며 자신의 외모를 점검하는 시간을 갖는 만큼 걷는 연습을 하는 데도 노력을 아끼지 말아야 한다. 그럼 바닥에 가는 선을 그어 놓고 걷는 연습을 해 보자.

걸을 때는 다음과 같이 한다.

첫째, 정면을 바라보면서 자연스럽게 미소를 지을 것
둘째, 두 팔을 보폭만큼 자연스럽게 흔들어 줄 것
셋째, 걸을 때 두 무릎뼈가 서로 부딪친다는 생각으로 일자로 걸을 것
넷째, 어깨와 허리를 펴고 당당하게 걸을 것

QR 코드를 찍으면 〈수화 동영상〉 설명을 보실 수 있습니다.

17
지체장애인의 휠체어 이미지 메이킹

휠체어를 사용하고 있는 지체장애인도 비장애인과 마찬가지로 자신을 개성 있고 아름답게 꾸미고자 하는 욕구를 가지고 있는데, 이는 매우 자연스러운 현상이다. 인간은 누구나 자기 자신이 인정받고 존중받기를 바라며, 자신이 다른 사람들로 부터 인정받았을 때 비로소 자신의 중요성을 느끼게 되기 때문이다. 따라서 외모에 자신감이 생기면 즐거움도 배가되고, 긍정적 요소로 얼굴 표정이 밝아지며, 대인관계도 훨씬 자연스러워

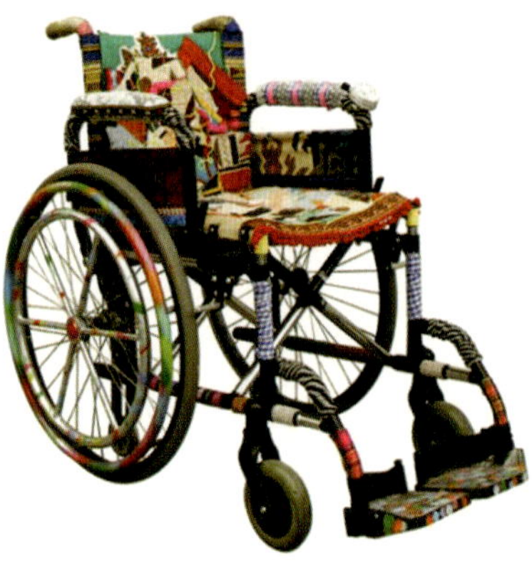

파브리지오 살비(Fabrizio Sclavi)의 휠체어

질 수 있다. 하지만 휠체어를 사용하는 지체장애인의 경우 비장애인 앞에 나서기를 꺼리거나 자신의 개성을 과감하게 표현하는 데 주저하는 것도 사실이다. 그러나 취업을 통해 사회로 나가려고 한다면 이러한 두려움을 벗어 버려야 한다.

장난감의 대명사로 자리 매김한 바비(Barbie) 인형은 어린이뿐만 아니라 어른도 좋아하는데, 1997년에는 휠체어를 탄 베키(Becky)가 등장하였다. 의상만큼이나 화려한 휠체어는 휠체어에 대한 부정적인 인식을 긍정적으로 바꾸어 주는 계기가 되었다. 휠체어가 패션으로의 새로운 접근을 시도했다고 볼 수 있다. 일반적으로 사용되는 휠체어는 디자인이 단순하고 대부분이 검은색이기 때문에 감성의 경직성을 가지고 왔고, 그래서 각자의 개성을 표현하는 경우는 매우 드물다. 하지만 현대는 디자인 시대라고 할 만큼 디자인된 제품들은 인간의 삶과 밀접한 관계를 맺고 있다. 우리 국민의 대다수가 사용하는 휴대전화의 선택 기준도 디자인이라고 할 만큼, 디자인은 우리 생활

바비 인형 베키

휠체어 바퀴의 가드

수준을 대변한다고 해도 과언이 아니다.

파브리지오 살비(Fabrizio Sclavi)는 평범하고 일반적인 휠체어에 털실을 감싼 뒤 다양한 색상의 옷감을 붙이는 리디자인(redesign) 작업을 하여 개성을 불어넣었다. 레하 디자인(Reha Design) 사에서 개발하여 판매 중인 가드는 휠체어 바퀴 위에 설치하게 되어 있다. 그런데 바퀴를 보호하기도 하지만 휠체어 사용자의 취향을 고려하여 동물 문양, 우주, 나비, 인체 등 디자인이 다양하고 보기에도 예뻐서, 사용하는 사람들의 기분을 좋아지게 하는 효과가 있어 주문이 꾸준히 늘고 있다고 한다.

좁은 의미에서 패션은 보통 의복을 지칭하지만, 현대는 생활문화 자체가 패션이며, 패션 디자인의 범위도 점차 확대되어 가고 있는 추세다. 휠체어가 지체장애인의 패션과 밀접한 연관이 있는 것은 신체 위에 의복을 걸치는 것으로 신체와 의복이 분리되는 경우가 거의 없는 것처럼 휠체어 또한 지체장애인에게서 분리하여 생각할 수 없기 때문이다. 이제는 옷에만 신경을 쓸 것이 아니라 자신이 사용하는 휠체어에도 개성을 불어넣는 작업을 할 때가 되었다. 가방을 들고 액세서리를 하는 것처럼 나만의 멋진 휠체어로 사람들 앞에 당당히 나서자.

청각장애인을 위한 수화 동영상 코너

휠체어를 사용하고 있는 지체장애인도 비장애인과 마찬가지로 자신을 개성 있고 아름답게 꾸미고자 하는 욕구를 가지고 있는데, 이는 매우 자연스러운 현상이다. 인간은 누구나 자기 자신이 인정받고 존중받기를 바라며, 자신을 존중할 때 비로소 자신의 중요성과 인간으로서의 존엄성을 느끼게 되기 때문이다. 따라서 외모에 자신감이 생기면 즐거움도 배가되고, 긍정적 요소로 얼굴 표정이 밝아지며, 대인관계도 훨씬 자연스러워질 수 있다. 하지만 휠체어를 사용하는 지체장애인의 경우 비장애인 앞에 나서기를 꺼리거나 자신의 개성을 과감하게 표현하는 데 주저하는 것도 사실이다. 하지만 취업을 통해 사회로 나가려고 한다면 이러한 두려움을 벗어 버려야 한다.

장난감의 대명사로 자리 매김한 바비(Barbie) 인형은 어린이뿐만 아니라 어른도 좋아하는데, 1997년에는 휠체어를 탄 베키(Becky)가 등장하였다. 의상만큼이나 화려한 휠체어는 휠체어에 대한 부정적인 인식을 긍정적으로 바꾸어 주는 계기가 되었다. 휠체어가 패션으로의 새로운 접근을 시도했다고 볼 수 있다. 일반적으로 사용되는 휠체어는 디자인의 획일화와 함께 감성의 경직성을 가지고 왔고, 그래서 각자의 개성을 표현하는 경우는 매우 드물다. 하지만 현대는 디자인 시대라고 할 만큼 디자인된 제품들은 인간의 삶과 밀접한 관계를 맺고 있다. 우리 국민의 대다수가 사용하는 휴대전화의 선택 기준도 디자인이라고 할 만큼, 디자인은 우리 생활 수준을 대변한다고 해도 과언이 아니다.

파브리지오 살비(Fabrizio Sclavi)는 평범하고 일반적인 자신의 휠체어에 리디자인(redesign) 작업을 하여 개성을 불어넣었다. 레하 디자인(Reha Design)사에서 개발하여 판매 중인 가드는 휠체어 바퀴 위에 설치하게 되어 있다. 그런데 바퀴를 보호하기도 하지만 휠체어 사용자의 취향을 고려하여 동물 문양, 우주, 나비, 인체 등 다양하게 디자인되어 있다.

좁은 의미에서 패션은 보통 의복을 지칭하지만, 현대는 생활 문화 자체가 패션이며, 패션 디자인의 범위도 점차 확대되어 가고 있는 추세다. 휠체어가 지체장애인의 패션과 밀접한 연관이 있는 것은 신체 위에 의복을 걸치는 것으로 신체와 의복이 분리되는 경우가 거의 없는 것처럼 휠체어 또한 지체장애인에게서 분리하여 생각할 수 없기 때문이다. 이제는 자신이 사용하는 휠체어에도 개성을 불어넣는 작업을 할 때가 되었다.

QR 코드를 찍으면 〈수화 동영상〉 설명을 보실 수 있습니다.

Part 03

면접을 위한 남성 정장

18
의외로 다양한 남성 정장

신사복은 단순해 보이지만 의외로 많은 디테일이 숨어 있다. 디테일에 대해 정확히 알게 되면 슈트를 고르는 데 자신감이 생기게 될 것이다. 우선 슈트의 명칭과 쓰임새에 대하여 알아보자.

슈트는 앞 중심에 단추가 2~3개 있는 형태가 기본형이라고 할 수 있다. 하지만 유행에 따라 단추가 1~5개 정도까지 달리는데, 단추의 수가 많아지면 V존(목부터 앞 단추까지 라펠 사이)

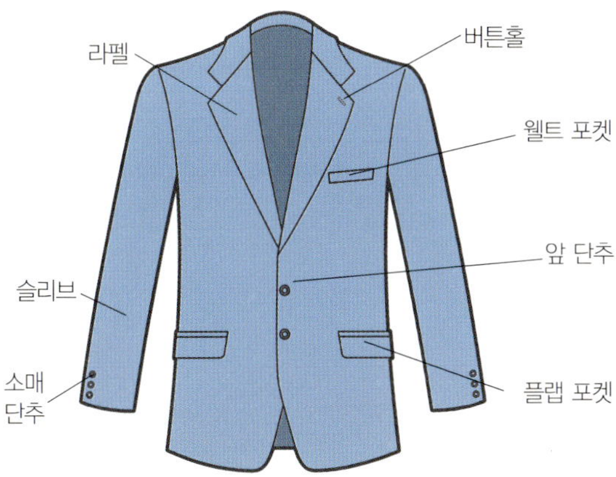

아메리칸 스타일

이 좁아지게 된다. 소매(슬리브, sleeve)에 달린 단추의 개수가 많고, 자개나 소뿔 등을 사용한 고급 소재 또는 손으로 직접 단추를 단 핸드메이드 제품은 고가의 슈트임을 상징한다.

라펠(lapel)

남성의 슈트는 유행에 크게 반응할 것 같지 않지만, 유행을 가장 민감하게 받아들이는 곳이 라펠이다. 라펠은 때로는 넓어지기도 하고 좁아지기도 하면서 신사복의 디자인을 주도한다. 칼라의 폭이 좁은 네로우(narrow)는 20대 젊은이들이 선호하는 스타일로 몸에 꼭 맞는 슈트이고, 레귤러(regular)는 30~40대 직장인들이 많이 입는 편안한 형태다. 라펠의 폭이 넓은 와이드(wide)도 있다. 칼라 모양에 따라서는 싱글 재킷에 사용되는 노치드(notched) 라펠, 피시 마우스(fish mouth) 라펠, 더블 재킷에 사용되는 피크트(peaked) 라펠, 디너 재킷이나 결혼식 예복에 사용되는 숄(showl) 라펠 등이 있다.

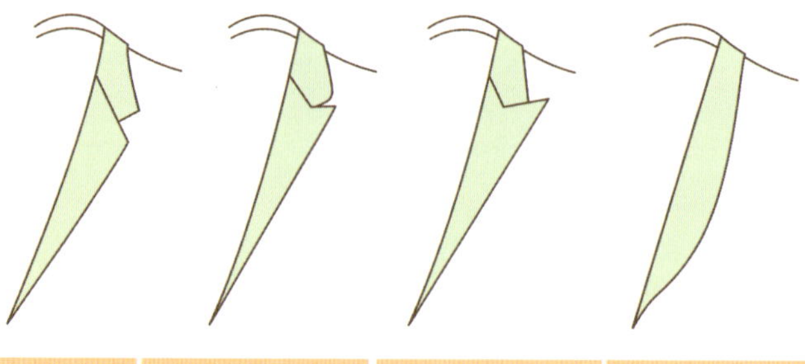

노치드 라펠 | 피시 마우스 라펠 | 피크트 라펠 | 숄 라펠

포켓(pocket)

포켓의 형태에 따라 슈트의 디자인이 달라지기도 한다. 플랩(flap) 포켓은 주머니 위에 뚜껑이 달린 형태로 전통적인 신사복 슈트에 많이 사용된다. 입술 포켓이라고도 하는 제티드(jetted) 포켓은 턱시도 등 드레시한 슈트에 사용되기도 한다. 웰트(welt) 포켓은 가슴 위치에 달린 포켓으로, 행커치프를 꽂는 데 주로 사용된다. 여기서 주의할 점은 웰트 포켓에는 만년필이나 볼펜, 안경 등을 절대로 꽂아서는 안 된다는 것이다.

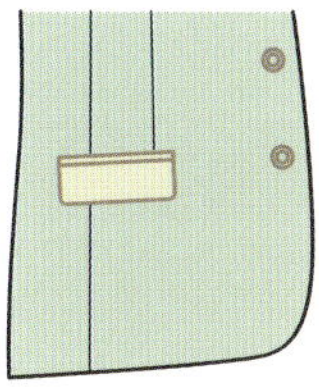

플랩 포켓

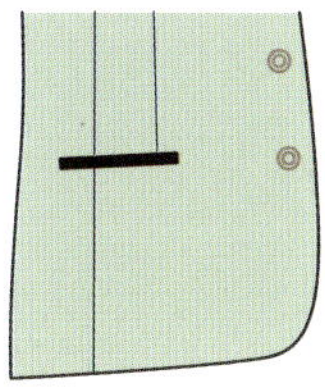

제티드 포켓

웰트 포켓

조끼(vest)

신사복에 더욱 격조 있고 다양한 실루엣을 만들어 내는 것이 조끼인 베스트다. 정장용 슈트의 베스트는 슈트와 같은 원단으로 만들며, 베스트의 등쪽은 슈트 안감으로 구성된다. 뒷면에는 조절이 가능한 장식이 달려 있기 때문에 몸에 꼭 맞게 입어야 한다. 조끼의 포켓은 2~4개 정도로 구성되는데, 자켓 포켓에 소지품을 넣지 않고 조끼의 포켓을 활용하는 것이 좋다. 또한 조끼를 입었을 때는 맨 아래의 단추를 채우지 않고,

조끼 밑으로 셔츠나 바지의 허리단, 넥타이 끝이 보이지 않도록 주의해야 한다.

재킷(jacket)

슈트 이외에도 남성용 재킷은 디자인이 다양하다. 간혹 면접에 슈트 이외의 재킷을 입고 오는 경우가 있는데, 이는 예의가 아니므로 주의해야 한다. 남성용 재킷에는 고유의 용도가 있다. 블레이저(blazer) 재킷(일명 콤비)은 정장용 슈트보다 다소 자연스러움을 느낄 수 있는 형태로, 주말이나 휴일에 세미 정장

블레이저 재킷

노퍽 재킷

슈팅 재킷

해킹 재킷

으로 입으면 무난하다. 노퍽(Norfolk) 재킷은 영국의 사냥복에서 유래되었는데, 어깨가 느슨하도록 주름을 잡아서 활동성이 높다. 슈팅(shooting) 재킷은 사격복에서, 해킹(hacking) 재킷은 승마복에서 유래된 것으로, 일반 재킷보다 길이가 길며 포켓은 경사지게 달려 있다.

청각장애인을 위한 수화 동영상 코너

신사복은 단순해 보이지만 의외로 많은 디테일이 숨어 있다. 디테일에 대해 알게 되면 슈트를 고르는 데 자신감이 생기게 될 것이다. 슈트는 앞 중심에 단추가 2~3개 있는 형태가 기본형이라고 할 수 있다. 하지만 유행에 따라 단추가 1~5개 정도까지 달리는데, 단추의 수가 많아지면 V존이 좁아지게 된다. 소매(슬리브, sleeve)에 달린 단추의 개수가 많고, 자개나 소뿔 등을 사용한 고급 소재 또는 손으로 직접 단추를 단 핸드메이드 제품은 고가의 슈트임을 상징한다.

라펠은 유행에 따라 넓어지기도 하고 좁아지기도 하면서 신사복의 디자인을 주도한다. 칼라 모양에 따라서는 싱글 재킷에 사용되는 노치드(notched) 라펠, 더블 재킷에 사용되는 피크트(peaked) 라펠, 디너 재킷이나 결혼식 예복에 사용되는 숄(showl) 라펠 등이 있다. 플랩 포켓(flap pocket)은 주머니 위에 뚜껑이 달린 형태로, 전통적인 신사복 슈트에 많이 사용된다.

QR 코드를 찍으면 〈수화 동영상〉 설명을 보실 수 있습니다.

19
남성 정장(suit)이란

면접을 볼 때는 왜 꼭 양복을 입어야 할까?

남자들이 입사를 위해 면접을 볼 때 꼭 남성용 양복(슈트)을 입어야 한다고 규정된 것은 아니지만 거의 대부분이 아주 당연히 슈트를 고르게 된다. 왜 그래야 할까? 청바지나 티셔츠 등 편안한 옷을 입고 면접을 보면 안 될까? 애플사의 창업자로서, 매킨토시, 아이팟 등을 탄생시킨 스티브 잡스(Steve Jobs)도 제품 발표에서조차 청바지에 셔츠를 입고 나서는데, 왜 면접을 볼 때는 불편하게 슈트를 입어야 할까?

만약 입사 지원자가 스티브 잡스만큼 영향력 있고 유명하다면 꼭 양복을 입고 면접을 볼 필요가 없다. 스티브 잡스는 미국을 대표하는 CEO로서 창의성을 생명으로 하고 있고, 블랙 터틀넥, 리바이스 501 청바지, 뉴발란스 992 운동화로 구성된 패션 또한 철저한 계산하에 이루어진 것이다. 애플사의 제품을 돋보이면서 실용성과 기능성을 중시하는 이미지를 전달하려는 목적이 있기 때문에 굳이 슈트를 입지 않더라도 돋보인다. 하지만 고등학교나 대학을 갓 졸업한 사회 초년생 입장에서 취업을 위해 슈트를 입는 것은 현대의 비즈니스맨들을 존중하고 그 사회에 들어가기 위한 준비를 마쳤다는 의미로 볼 수 있다. 슈트는 좋든 싫든 이미 사회인을 상징하는 세계적으로 공통된 유니폼이 되어 버렸다.

슈트의 기원을 살펴보면, 중세의 귀족들이 입던 화려한 갑옷이 영국 귀족들의 군복으로 바뀌었고, 전쟁이 끝나면서 군복이 슈트로 변화된 것이다. 슈트는 전통 있는 가문의 남자가 교양과 지성, 품위를 지키기 위하여 입었는데, 그것을 '품위' 라고 여겼다. 따라서 양복을 입은 사람은 '신사, 곧 젠틀맨' 을 상징하였기에 양복이 일부 계층의 전유물이었다. 하지만 시간이 흐르면서 일반 시민들도 슈트를 요구하면서 대중화가 된 것이다. 슈트의 오랜 역사만큼이나 각 지역을 대표하는 스타일이 있다. 현재에도 가장 많이 입는 형태는 전통적인 유러피안 스타일(European style), 실용적인 아메리칸 스타일(American style), 그리고 남성의 멋진 몸매가 가장 잘 드러나는 브리티시 스타일(British style)로 구분할 수 있다.

유러피안 스타일

유행에 민감한 실루엣이다. 어깨에 각이 지고 허리 실루엣이 나타나는 형태다. 뒤트임(벤트)이 없어서 남성의 몸매가 가

유러피안 스타일

아메리칸 스타일

장 잘 드러나며, 바지의 폭이 좁아 역삼각형의 이미지가 느껴진다. 최근 젊은 남성을 중심으로 몸에 꼭 맞는 유러피안 스타일이 유행하고 있다.

● 아메리칸 스타일

미국인의 실용성과 활동성을 강조하는 스타일이다. 허리선이 없는 직선적 실루엣으로, 뒤트임이 1개 있어 편안함을 추구한다. 우리나라 30~40대의 비즈니스맨들이 즐겨 입는 스타일이다.

● 브리티시 스타일

영화 007 시리즈의 주인공 제임스 본드가 즐겨 입는 단정하고 격식을 중요시한 귀족적인 스타일을 말한다. 어깨에는 1장의 패드로 자연스러움을 살리고, 허리에는 약간의 주름을 넣는다. 잘 맞는 슈트 차림은 유능하면서 예의 바르고 자신감 넘치는 남성이라는 이미지를 심어 준다.

양복은 일반적인 비즈니스 웨어이기도 하지만, 자신의 개성을 전달해 주는 매개체의 역할도 한다. 따라서 자연스럽게 자신의 개성과 이미지가 연출되기도 한다. 슈트 입은 남자는 뒷모습도 중요하다. 상의의 뒤트임인 벤트의 종류에 따라 뒷모습의 이미지가 결정되기 때문이다. 정장을 구입하기 위해서는 앞모습뿐만 아니라 뒷모습도 꼭 살펴보자.

- 센터 벤트(싱글 벤트)는 아메리칸 스타일과 30~40대 정장에서 많이 디자인된다. 일반적인 형태이지만 활동성이 뛰어난 것이 장점이다. 엉덩이가 튀어나오거나 큰 사람은 벤트가 벌어지기 쉬우므로 사이드 벤트 디자인을 선택하는 것이 좋다.
- 사이드 벤트는 브리티시 스타일에 많이 디자인되며 더블 재킷에도 사용된다. 허리에 주름이 잡혀 뒷모습이 잘 드러나게 되므로 몸매에 자신 있으며, 전통적이면서도 세련미를 추구하는 남성에게 권한다.
- 노 벤트는 유러피안 스타일에 디자인되는데, 뒤트임이 없어서 역삼각형 몸매를 가진 큰 키의 남성에게 잘 어울리는 섹시한 스타일이다. 하지만 앉을 때 엉덩이 부분을 잘 마무리하고 앉지 않으면 허리와 재킷 끝에 구김이 생기므

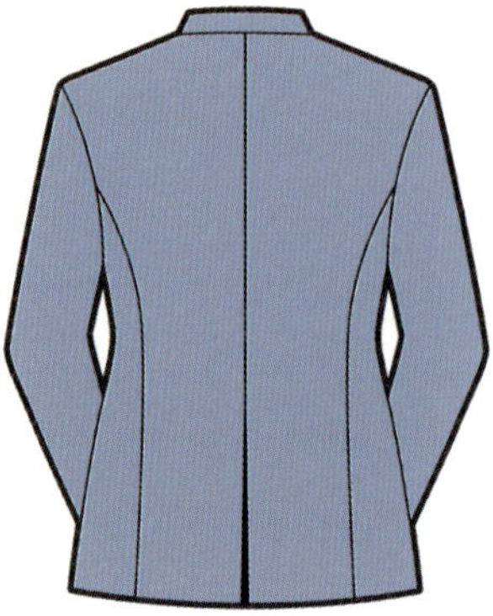
센터 벤트

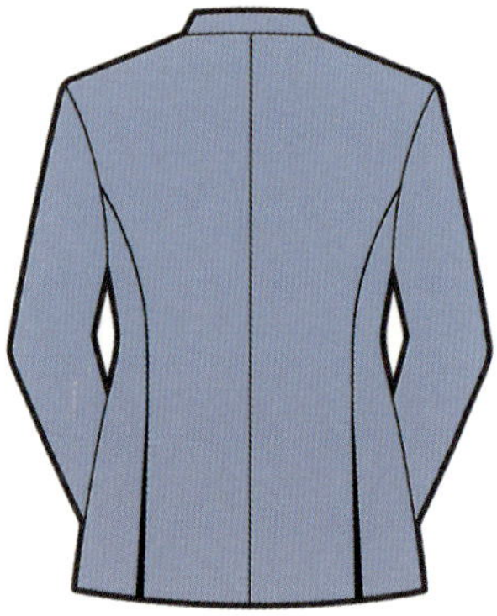
사이드 벤트

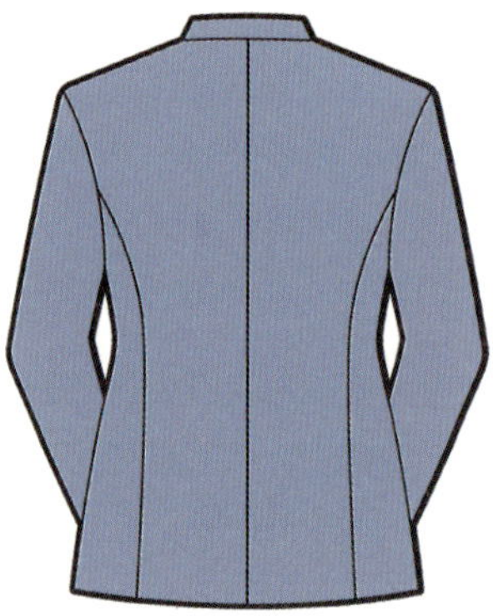
노 벤트

로 주의해야 한다.

슈트 바지는 크게 두 가지 유형으로 나눌 수 있다. 즉, 실루엣이 일직선인 스트레이트(straight) 형, 그리고 패션을 추구하는 사람들을 위하여 아랫단으로 내려가면서 폭이 점차 좁아지는 테이퍼드(tapered) 형으로 나뉜다. 바짓단은 플레인 보텀(plain bottom) 형이 일반적이다. 바짓단을 접어 올린 턴업(turn up)은 더블 슈트에 많이 적용되는데, 클래식한 이미지를 가지고 있지만 키가 작은 사람이 착용하면 다리가 더 짧아 보이므로 주의해야 한다. 앞보다 뒤가 긴 모닝 커트(morning cut)는 키를 커 보이게 하고 바지 라인을 깨끗하게 하는 효과가 있다.

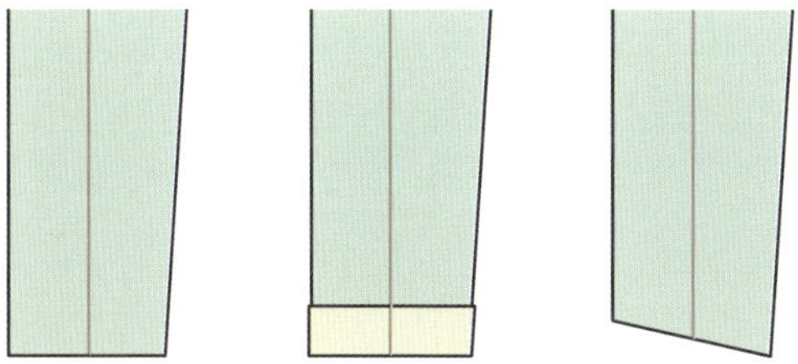

플레인 보텀 | 턴업 | 모닝 커트

청각장애인을 위한 수화 동영상 코너

면접을 볼 때는 왜 꼭 양복을 입어야 할까?

남자들이 입사를 위해 면접을 볼 때 꼭 남성용 양복(슈트)을 입어야 한다고 강요하는 것은 아니지만 거의 대부분이 아주 당연히 슈트를 고르게 된다. 왜 그래야 할까? 청바지나 티셔츠 등 편안한 옷을 입고 면접을 보면 안 될까? 애플사의 창업자로서, 매킨토시, 아이팟 등을 탄생시킨 스티브 잡스도 대중이나 기업가들 앞에서는 청바지에 셔츠를 입고 나서는데, 왜 면접 때는 불편한 슈트를 입어야 할까?

만약 입사 지원자가 스티브 잡스만큼 영향력이 있고 유명하다면 꼭 양복을 입고 면접을 볼 필요가 없겠지만, 고등학교나 대학을 갓 졸업한 사회 초년생 입장에서 취업을 위해 양복을 입는 것은 좋든 싫든 이미 사회인을 상징하는 세계적으로 공통된 현상이기 때문이다. 옛날에는 전통 있는 가문의 남자가 교양과 지성, 품위를 지키기 위하여 슈트를 입었는데, 그것을 '품위'라고 여겼다. 따라서 양복을 입은 사람은 '신사, 곧 젠틀맨'을 상징하였기에 양복이 일부 계층의 전유물이었다. 하지만 시간이 흐르면서 일반 대중도 슈트를 요구하면서 대중화가 된 것이다. 슈트에는 각 지역을 대표하는 스타일이 있지만, 현재에도 가장 많이 입히는 형태는 전통적인 유러피안 스타일(European style), 실용적인 아메리칸 스타일(American style), 남성의 멋진 몸매가 가장 잘 드러나는 브리티시 스타일(British style)로 구분할 수 있다.

QR 코드를 찍으면 〈수화 동영상〉 설명을 보실 수 있습니다.

20
스스로 권위를 드러내는 검은색 슈트

2009년 1월, 미국 대통령 선서식에서 오바마는 어떤 양복을 선택했을까? 온 세계의 이목이 집중된 순간 오바마 대통령이 선택한 정장은 검은색 캐시미어 슈트에 흰색 와이셔츠, 작은 연속 무늬가 있는 빨간색 넥타이였다. 전 세계 최고의 권력을 상징할 수 있는 미국 대통령이 취임하는 순간을 위해 미국 정부에서는 의전에 많은 노력을 기울였을 것이고, 가장 권위적이고 보수적이면서도 새로움을 추구하는 검은색이 선택되었다. 이와 같이 검은색 슈트는 공식적인 행사에 잘 어울리는 색상이다.

인생의 가장 아름다운 시간인 결혼식에서 주인공이라고 할 수 있는 신랑의 턱시도도 흰색 아니면 검은색이다. 예복으로써 품위와 예절을 상징하며, 그날의 주인으로서 돋보이게 된다.

신랑이 턱시도를 입지 않고 양복을 입는 경우도 있는데, 신랑의 양복은 대체로 검은색이며 금장 단추로 화려함을 준다. 반면에 초상집에서 상주가 입는 양복의 색상도 검은색이며, 조문객도 검은색 양복에 흰색 와이셔츠, 검은색 넥타이를 매고 가게 된다. 이와 같이 검은색 양복은 상당히 의식적이고 권위적이며 무게감이 있다. 따라서 취업 면접 복장으로 검은색 양복은 피해야 한다. 면접관에 비하여 구직자가 더 권위적으로 보인다면 우스운 상황이 될 수 있기 때문이다.

비즈니스 세계에서도 검은색 양복은 주의해야 할 색상이다. 투자나 합작을 부탁하는 대표들은 검은색 양복을 입지 않는다. 부드러우면서도 친근감을 주어 호감을 살 수 있도록 회색 또는 갈색 양복을 입는다. 대신에 합작을 주도하는 측에서는 검은색 양복을 입는 경우가 많다. 따라서 면접 복장으로 검은색 양복보다는 짙은 청색이나 회색 양복이 적당하다고 할 수 있는데, 청색이나 회색은 황인종인 우리나라 사람들에게 대체로 잘 어울리는 색상으로 추천된다.

면접 때 양복 가슴 주머니에 행커치프를 꽂은 면접자가 간혹 있어서 면접관들을 당황하게 한다. 행커치프는 손쉽게 파티 룩을 연출하기 위해 사용되는 것으로, 하늘색, 연두색, 은색 등 밝고 화려한 원색이 주를 이룬다. 최근 TV 드라마에서 주인공인 CEO가 행커치프로 다른 사람과 차별화되고 돋보이도록 하기도 하지만, 대부분 과장된 표현일 뿐 일반 비즈니스맨의 경우에는 잘 사용하지 않는다. 간혹 양복 제조 회사에서 행커치프를 옷에 부착한 채 판매하기도 하는데, 양복을 처음 입는 사회 초년생의 경우 잘 모르고 그대로 부착한 채 면접에 임하기도 한다. 하지만 행커치프는 면접관보다 높은 위치임을 암시하므로 접어서 보이지 않도록 해야 한다.

청각장애인을 위한 수화 동영상 코너

2009년 1월, 온 세계의 이목이 집중되어 있는 미국 대통령 선서식에서 오바마 대통령이 선택한 양복은 검은색 슈트에 흰색 와이셔츠, 작은 연속 무늬가 있는 빨간색 넥타이였다. 전 세계 최고의 권력을 상징할 수 있는 미국 대통령이 취임하는 순간을 위해 미국 정부에서는 가장 권위적으로 보이려고 노력하였을 것이다. 미국뿐만 아니라 현대인들에게 양복은 보수적인 경향을 상징하며, 따라서 거의 공식처럼 입는 스타일이 정해져 있다.

인생의 가장 아름다운 시간인 결혼식에서 신랑의 양복은 거의 검은색이며 금장 단추로 화려함을 준다. 반면에 초상집에서 상주가 입는 양복의 색상도 검은색이며, 조문객도 검은색 양복에 흰색 와이셔츠, 검은색 넥타이를 매고 가게 된다. 이와 같이 검은색 양복은 상당히 의식적이고 권위적이며 무게감이 있다. 따라서 취업 면접 복장으로 검은색 양복은 피해야 한다. 짙은 청색이나 회색 양복이 적당하다고 할 수 있는데, 청색이나 회색은 황인종인 우리나라 사람들에게 대체로 잘 어울리는 색상으로 추천된다.

면접 때 양복 가슴 주머니에 행커치프를 꽂은 면접자가 간혹 있어서 면접관들을 당황하게 한다. 행커치프는 손쉽게 파티 룩을 연출하기 위해 사용되는데, 하늘색, 연두색, 은색 등 밝고 화려한 원색이 주를 이룬다. 최근 TV 드라마에서 주인공인 CEO가 행커치프로 다른 사람과 차별화되고 돋보이도록 하기도 하지만, 대부분 과장된 표현일 뿐 일반 비즈니스맨의 경우에는 잘 사용하지 않는다. 간혹 양복 제조 회사에서 행커치프를 옷에 부착한 채 판매하기도 하는데, 양복을 처음 입는 사회 초년생의 경우에는 잘 모르고 그대로 부착한 채 면접에 임하기도 한다. 하지만 행커치프는 면접관보다 높은 위치임을 암시하므로 그 사용에 주의해야 한다.

QR 코드를 찍으면 〈수화 동영상〉 설명을 보실 수 있습니다.

21
비싼 양복이 좋은 것만은 아니다

첫째, 백화점에서 구매하기
둘째, 맞춤식 정장으로 하기
셋째, 상설 할인 매장에서 구매하기
넷째, 인터넷에서 구매하기

슈트를 구입하는 방법은 이와 같이 여러 가지가 있는데, 각각의 장단점을 살펴보자.

첫째, 가장 일반적인 방법으로 백화점이나 양복 전문 매장에서 구매하는 경우다. 백화점의 경우 많은 브랜드가 밀집되어 있기 때문에 의류 회사와 디자인 등을 고려해 입어 볼 수 있을 뿐만 아니라 가격과 품질을 비교하여 구매하기에 효과적이다. 또한 우리나라의 기성복이 세계적으로 상당히 높은 수준이기 때문에 백화점에서 판매하는 양복의 품질은 어느 정도 믿을 수 있다. 하지만 기성복의 사이즈는 다양화되었다고 하더라도 개개인의 신체 치수를 고려하기보다는 표준화된 한국인의 치수를 사용한다. 그래서 신체적 장애를 가지고 있는 사람은 비장애인의 표준 치수에서 벗어날 경우 원하는 상품을 선택하기가 쉽지 않다. 또한 백화점에서 판매하는 양복은 상당히 고가인 경우가 많아 부담이 되는 것도 사실이다. 따라서 많은 사람이 세일 상품을 선택하게 된다.

세일 상품에는 두 가지 종류가 있다. 정상 제품을 세일하는 경우와 처음부터 저렴하게 기획 생산된 경우가 있다. 기성복인 양복의 정상 제품은 제조되기까지 수많은 공정을 거치며 생산되는데, 기획 상품의 경우에는 가격을 저렴하게 책정하기 위해 품질이 낮은 원단을 몇 가지 스타일로 한정하거나 제조 공정을 축소하기도 한다. 따라서 기획 제품은 정상 제품에 비하여 품질이 떨어질 수 있으며, 처음 구매한 당시에는 잘 모르지만 입다 보면 원단의 표면이나 모양이 변질되거나 세탁 후에 형태가 변형되기도 한다. 그러므로 양복을 구매할 때는 판매 사원에게 정상 제품인지 혹은 기획 상품인지를 정확하게 물어 기획 상품인 경우에는 신중하게 구매해야 한다.

둘째, 맞춤식 양복을 구매하는 경우다. 1980년대 후반에 접어들자 기성복에 밀려 맞춤식 양복은 침체기를 겪었고, 이로 인해 개인이 운영하는 맞춤식 양복점은 거의 사라졌다. 하지만

2000년대 중반부터 맞춤 양복 시장은 프랜차이즈 정장 전문점 형식으로 다시 나타나고 있다. 최고급 맞춤식 정장은 유럽을 중심으로 100% 수작업을 원칙으로 하며, 천연 원단을 사용하여 정장 한 벌에 천만 원이 넘는 경우도 있다. 기업인, 정치인, 연예인, 또는 신체 사이즈가 일반인과 다른 운동선수가 주 고객이다. 양복 한 벌에 4,000땀 이상의 정성이 들어가며, 고급 원사 한 가닥이 머리카락 굵기의 6분의 1 정도인 얇은 실로 만든다. 따라서 편안하고 착용감이 우수하다.

최근에는 거품을 뺀 맞춤복이 등장하고 있다. 개성을 중시하는 소비자들이 늘어나면서 다양한 소비층을 공략하고 있기 때문이다. 일부 공정은 기계 생산을 병행하여 생산비를 낮추고, 혼방 원단을 사용하는 경우도 있다. 맞춤복의 가장 큰 장점은 자신의 신체 사이즈에 맞출 수 있다는 것이다. 오랫동안 수동 휠체어를 사용하다 보면 하체에 비하여 상체가 많이 발달되기 때문에 표준화된 사이즈가 맞지 않아 맞춤식 양복을 구매하는 경우가 많다. 또한 클러치를 사용하는 경우 겨드랑이 부분의 원단이 쉽게 닳아 버리기 때문에 안감을 덧대어 주면 옷이 쉽게 상하는 것을 방지할 수 있다. 팔이 유난히 길거나 몸이 뚱뚱하여 기성복이 맞지 않는 경우에도 자신의 신체 특징에 맞게 양복을 맞출 수 있다. 하지만 맞춤 정장은 양복을 맞춘 후 원하는 스타일이 나오지 않더라도 반품을 할 수 없다는 단점이 있다.

셋째, 상설 할인 매장에서 구매하는 경우다. 상설 할인 매장은 대부분 지난해의 상품 중에서 판매되지 않은 상품을 판매한다. 브랜드에 따라 차이가 있지만, 대부분은 40~50% 정도 할인되어 품질에 비하여 저렴하다. 정장의 경우 1년 정도 지난 상품이라고 하더라도 유행에 크게 뒤떨어지지도 않으므로, 개인적으로는 학생들에게 기성복 전문 상설 할인 매장에서 제품을 구매할 것을 권유한다. 백화점에서 기획 상품을 사는 것보다 오히려 저렴한 금액으로 품질이 우수한 지난해의 정상 제품을 구매하는 것이 유익하기 때문이다.

넷째, 인터넷에서 구매하는 경우다. 최근 젊은 층을 중심으로 인터넷을 통해 값싸면서도 유행에 민감한 패션 상품을 구매하는 경우를 많이 본다. 사용 후기가 있어서 비교하여 구매할 수 있기 때문에 캐주얼 웨어나 액세서리의 경우 인터넷 구매가 좋을 수 있다. 하지만 정장의 경우 인터넷 구매는 현명하지 못한 판단일 수 있다. 인터넷 상품의 가장 큰 장점은 저렴한 가격이라고 할 수 있는데, 값싼 안감을 사용하거나 부자재의 질이 떨어질 뿐만 아니라 원단의 방향이 일정해야 하는데도 자투리 원단을 사용하여 입다 보면 옷의 형태가 틀어지기도 한다. 정장은 입어 보고 구매하는 것이 원칙이다. 입어 보지도 않은 상태에서 화면의 모델만 보고 구매하는 것은 상당한 모험이 따른다. 옷이 맞지 않거나 색상이 컴퓨터 화면과 다를 때, 원단의 질감이 좋지 않을 때, 또는 바느질이 마음에 들지 않을 때 반품에 따른 손해를 볼 수 있기 때문이다.

정장을 잘 선택하기 위해서는 원단에 대하여 알아 둘 필요가 있다. 정장의 소재는 대부분 양의 털을 깎아 섬유로 만든 울을 사용한다. 울은 신축성이 좋고 감촉이 부드러우며 보온성이 뛰어나기 때문에 정장에 적합한 소재다. 정장을 구매할 때 판매사원이 120수니 180수라는 이야기를 한다. 여기서 말하는 숫자는 무엇을 의미할까? 원사 1g에서 120m 길이를 뽑아내면 120수가 되고, 원사 1g에서 180m 길이를 뽑아내면 180수가 된다. 따라서 숫자가 클수록 원사의 두께가 얇음을 의미하는데, 얇은 원사로 짜인 원단은 밀도가 높고 촘촘하여 착용감이 좋을 뿐만 아니라 가벼워서 피로감이 덜 온다. 또한 땀 흡수가 잘되고, 보온과 통풍이 잘 이루어지며, 신축성이 있어서 구김이 적고 부드럽다. 하지만 얇은 원단이 모두 좋은 것은 아니다. 섬세하기 때문에 주머니에 휴대전화 등 무거운 물건을 넣고 다니면 원단이 불룩하게 변형될 수 있고 쉽게 찢어진다. 따라서 정장을 처음 입는 사회 초년생에게는 얇은 원단의 정장을 권하고 싶지 않다.

최근 실크(Silk) 소재가 혼방된 광택 있는 정장이 등장하고 있다. 실크는 소재가 가볍고, 섬세하지만 약해서 찢어지기 쉽다. 그래서 활동성이 많은 사람은 주의해서 구입하고 세탁에도 신경을 써야 한다. 실크는 고유의 광택이 있는데, 광택이 지나치게 번들거리는 양복을 입을 경우 뚱뚱해 보일 수 있고 사람이 가벼워 보일 수 있기 때문에 신중하게 선택해야 한다.

청각장애인을 위한 수화 동영상 코너

슈트를 구입하는 방법에는 여러 가지가 있다. 각각의 장단점을 살펴보자.

첫째, 백화점이나 양복 전문 매장에서 구매하는 경우다. 백화점의 경우 많은 브랜드가 밀집되어 있기 때문에 입어 보고 가격과 품질을 비교하여 구매하기에 가장 좋다. 하지만 사이즈가 표준 치수에서 벗어난다면 원하는 상품을 선택하기가 쉽지 않다. 또한 백화점에서 판매하는 양복은 대체로 가격이 비싸서 세일 상품을 선택하게 된다.

세일 상품에는 두 종류가 있다. 즉, 정상 제품을 세일하는 경우와 처음부터 저렴하게 기획 생산된 경우가 있다. 기획 상품의 경우 가격을 저렴하게 책정하기 위해 저렴한 원단을 몇 가지 스타일로 한정하거나 제조 공정을 축소하기도 한다. 따라서 정상 제품에 비하여 품질이 떨어질 수 있으며, 세탁 후에 형태가 변형되기도 한다. 그러므로 양복을 구매할 때는 판매 사원에게 정상 제품인지 혹은 기획 상품인지를 정확하게 물어 신중하게 구매해야 한다.

둘째, 맞춤식 양복을 구매하는 경우다. 맞춤복의 가장 큰 장점은 자신의 신체 사이즈에 맞출 수 있다는 것이다. 오랫동안 수동 휠체어를 사용하다 보면 하체에 비하여 상체가 많이 발달되기 때문에 표준화된 사이즈가 맞지 않아 맞춤식 양복을 구매하는 경우가 많다. 또한 클러치를 사용하는 경우 겨드랑이 부분의 원단이 쉽게 닳아 버리기 때문에 안감을 덧대어 주면 옷이 쉽게 상하는 것을 방지할 수 있다. 하지만 맞춤 정장은 양복을 맞춘 후에 원하는 스타일이 나오지 않더라도 반품을 할 수 없다는 단점이 있다.

셋째, 상설 할인 매장에서 구매하는 경우다. 상설 할인 매장은 대부분 지난해의 상품 중에서 판매되지 않은 상품을 40~50% 정도 할인하여 판매한다. 개인적으로는 학생들에게 기성복 전문 상설 할인 매장에서 제품을 구매할 것을 권유한다.

넷째, 인터넷에서 구매하는 경우다. 인터넷 상품의 가장 큰 장점은 저렴한 가격이라고 할 수 있는데, 입어 보지 않은 상태에서 화면의 모델만 보고 구매하는 것은 상당한 모험이 따른다. 저렴한 비용을 위해 제조 공정을 단축하거나 값싼 원단을 사용할 가능성이 높기 때문에 추천하고 싶지 않다.

QR 코드를 찍으면 〈수화 동영상〉 설명을 보실 수 있습니다.

22
드레스 셔츠에도 다양한 종류가 있다

비즈니스 웨어로 슈트와 함께 입는 셔츠를 드레스 셔츠라고 한다. 드레스 셔츠의 기본은 무늬가 없는 흰색 원단의 긴팔 디자인이다. 19세기 서양에서 흰색 셔츠는 자주 세탁을 할 수 있는 부유한 계급만이 입을 수 있었기 때문에 격식 있는 신사의 상징처럼 되어 왔다. 오늘날에도 깨끗하게 잘 다려진 흰색 셔츠는 정직함과 성실함이 느껴지고, 함께 코디된 슈트는 세련된 멋을 풍기기 때문에 남성을 더욱 값지게 한다. 드레스 셔츠는 양복과 달리 움직임이 편하도록 소매가 넓고 품이 넉넉하게 디자인되어 있다. 따라서 가슴 사이즈, 허리둘레, 목둘레, 팔 길이에 맞는 드레스 셔츠를 선택하면 신체적 핸디캡을 효과적으로 커버할 수 있다.

최근 남성복의 유행 경향을 보면 여성복보다 더 사랑스러운 컬러들이 등장하면서 노란색, 분홍색, 파란색의 드레스 셔츠가 판매되고 있다. 강한 선이 사라지고 여성스러운 형태가 가미되어 드레스 셔츠 원단이 화려해졌으며, 칼라에 반짝이는 장식까지 등장하고 있다. 사실 패션에는 시대의 흐름이 있기 때문에 남성복이지만 여성성이 가미된 디자인이 나쁘다고 할 수는 없다. 하지만 면접 복장의 관점에서는 화려한 장식이나 튀는 색상의 드레스 셔츠보다 보수적인 느낌이 강한 흰색 드레스 셔츠가 적합하다.

드레스 셔츠는 칼라 디자인에 따라 다양한 형태로 구분된다. 셔츠는 칼라의 각에 따라서 좁은 각(narrow spread collar), 중간각(medium spread collar), 넓은 각(wide spread collar)으로 구분할 수 있다. 그리고 칼라 끝 모양에 따라 레귤러 칼라(regular point collar), 윈저 칼라(windsor collar), 라운드 칼라(round collar), 버튼다운 칼라(button-down collar), 탭 칼라(tab collar), 핀홀 칼라(pinhole collar)로 구분할 수도 있다. 이렇게 다양한 형태의 칼라 가운데 자신에게 어울리는 칼라를 선택하기 위해서는 얼굴형과 슈트의 디자인 등을 고려해야 한다.

- 레귤러 칼라는 가장 많이 사용하는 일반적인 칼라 형태로, 칼라 사이의 각도가 75°이며 대부분의 슈트와 잘 어울린다.
- 윈저 칼라는 칼라의 각도가 110~140° 정도로, 칼라의 각이 넓기 때문에 넥타이의 매듭도 크게 해야 한다. 얼굴이 큰 사람이 하면 더 커 보일 수 있다. 턱이 뾰족한 사람은

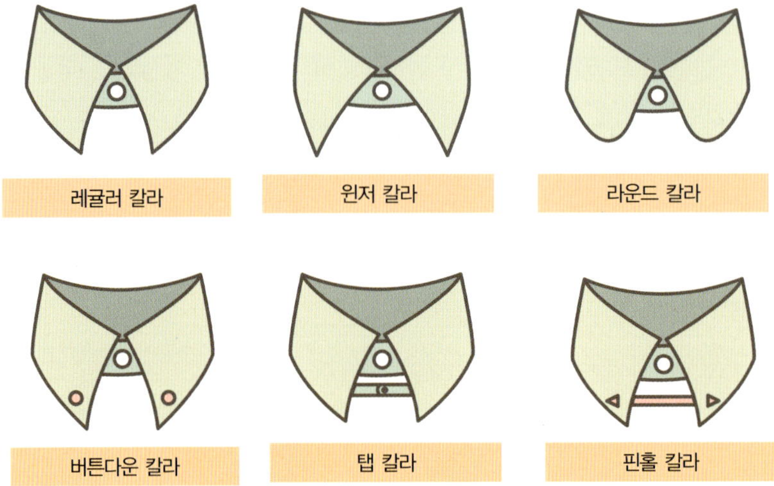

더 부각되어 보이기 때문에 피하는 것이 좋다. 긴 얼굴은 윈저 칼라가 어울린다.

- 라운드 칼라는 칼라의 끝을 둥글게 한 것으로, 신사복에 쉽지 않은 선택이 될 수 있다. 면접용으로는 여성스러움이 강조되기 때문에 신중하게 선택한다.
- 버튼다운 칼라는 클래식한 슈트보다는 캐주얼 슈트나 세미 정장에 더 잘 어울린다.
- 탭 칼라는 넥타이를 맨 후 간결한 칼라의 형태를 유지하기 위해 탭으로 고정시키는 형태다. 넥타이를 한 이후에도 겉으로는 탭이 드러나지 않기 때문에, 넥타이를 처음 매거나 혹은 면접에서 깔끔한 넥타이 형태와 칼라 형태를 유지하기 원한다면 유용하게 사용할 수 있다.

• 핀홀 칼라는 장식성이 강하므로 특별한 모임에서 사용하는 것이 좋다. 따라서 면접용으로는 사용하지 않아야 한다.

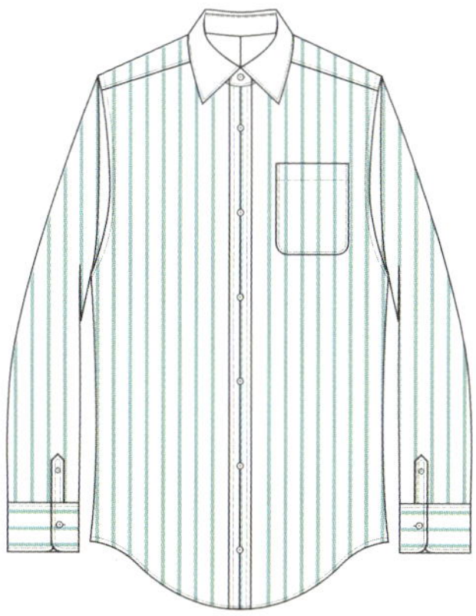

스프라이트 와이셔츠

흰 바탕에 파랗고 굵은 줄이 수직으로 쳐져 있는 와이셔츠를 스트라이프(stripe) 와이셔츠라고 하는데, 이를 입는 사람들은 대체로 보수주의적 성향이 짙다. 미국에서는 변호사들이 주로 스트라이프 와이셔츠를 입는데, 신뢰와 책임감이 강함을 의미하는 스타일이다. 커프스와 칼라만 흰색이고 나머지 부분은 푸른색으로 된 드레스 셔츠도 있다. 이 스타일은 단색 셔츠에 싫증이 날 경우에 사용할 수 있는, 정장에 잘 어울리는 형태다. 우리나라에서는 금융 회사 계열의 직원들이 선호하는 스타일이다.

드레스 셔츠는 남성의 피부에 직접 닿기 때문에 착용감과 땀 흡수가 좋은 순면이나 마 또는 린넨이 좋다. 물세탁이 가능해야 하고 다림질이 잘 되어야 한다. 양복은 울이 주 원료이기 때문에 세탁을 자주 하면 옷의 실루엣이 예전 같지 않게 된다. 따라서 땀을 쉽게 흡수하고 값비싼 양복을 보호하는 차원에서 드레스 셔츠의 소매 길이는 양복보다 1cm 정도 길고, 셔츠 깃도 양복 깃보다 1cm 정도 올라와 있는 것이 좋다.

우리나라 남성들은 대체로 드레스 셔츠 안에 '언더셔츠'를 입는다. 유럽에서는 셔츠가 속옷으로 간주되기 때문에 언더셔츠를 입지 않고 셔츠와 재킷만을 입으며, 재킷을 잘 벗지 않는다. 하지만 우리나라에서는 실내외의 온도 변화에 따라 양복의 상의를 벗는 경우가 많으므로, 속옷을 입지 않으면 얇은 원단이 다소 부담스럽다. 속옷으로는 흰색의 무늬가 없는 언더셔츠를 입는 것이 좋다. 반팔 언더셔츠를 입고 드레스 셔츠를 입거나 흰색 드레스 셔츠 안에 색상과 무늬가 있는 언더셔츠를 입으면 재킷을 벗었을 때 민망할 수 있으므로 주의해야 한다.

드레스 셔츠는 기성복 양복과는 달리 자신의 신체 사이즈에 맞게 구매가 가능하다. 목둘레와 팔 길이, 가슴둘레를 중심으로 그림과 같이 사이즈를 측정한다. 팔 길이는 손목뼈에서 3cm 정도 길게 하고, 목둘레는 손가락 하나가 들어가게 한다.

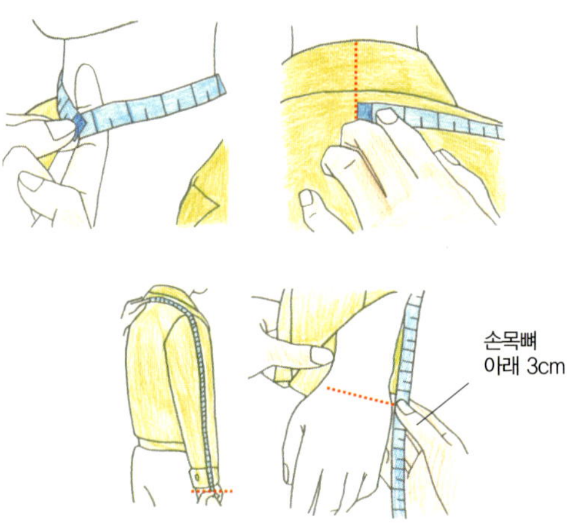

드레스 셔츠는 목둘레와 화장(뒷목점–어깨끝점–손목끝점)의 신체 치수를 측정한다.

이 외에도 드레스 셔츠를 구매할 때 주의할 점은 다음과 같다.

첫째, 깃은 좌우 대칭인가?

둘째, 무늬의 좌우가 잘 맞는가?

셋째, 바느질이 제대로 되어 있는가?

넷째, 단추가 튼튼하게 달려 있는가?

다섯째, 천의 올이 튀어 올라와 있거나 흠은 없는가?

여섯째, 목 사이즈와 깃이 잘 맞는가? 단추를 채웠을 때 손가락 하나 정도가 들어갈 만큼 여유가 있는가?

일곱째, 소매가 길거나 돌아가지 않는가?

청각장애인을 위한 수화 동영상 코너

드레스 셔츠의 기본은 원단에 무늬가 없고 칼라에 단추가 없는 긴팔의 순백색이다. 깨끗하게 잘 다려진 흰색 셔츠는 정직함과 성실함이 느껴지고 남성을 더욱 값지게 한다. 드레스 셔츠는 양복과 달리 움직임이 편하도록 디자인되어 있다. 가슴 사이즈, 허리둘레, 목둘레, 팔 길이에 맞는 드레스 셔츠를 선택하면 신체적 핸디캡을 효과적으로 커버해 주는 역할도 한다.

최근 남성복의 유행 경향을 보면 여성복보다 더 사랑스러운 노란색, 분홍색, 파란색이 드레스 셔츠가 등장하였고, 원단도 화려해지고 있으며 칼라에 반짝이는 장식까지 있다. 하지만 면접 복장의 관점에서는 화려한 장식이나 튀는 색상의 드레스 셔츠보다 보수적인 느낌이 강한 흰색 드레스 셔츠가 적합하다.

흰 바탕에 파랗고 굵은 줄이 수직으로 쳐져 있는 와이셔츠를 스트라이프(stripe) 와이셔츠라고 하는데, 미국에서는 변호사들이 주로 입는다. 스트라이프 와이셔츠는 신뢰와 책임감이 강함을 의미하는 스타일이다. 커프스와 칼라만 흰색이고, 나머지 부분은 푸른색으로 된 드레스 셔츠는 금융 회사 계열의 직원들이 선호하는 스타일이다.

드레스 셔츠는 남성의 피부에 직접 닿기 때문에 착용감과 땀 흡수가 좋은 순면이나 마 또는 린넨이 좋다. 물세탁이 가능하고 다림질이 잘 되어야 한다. 다림질이 잘된 셔츠는 깔끔한 남성미를 더욱 증가시킨다. 드레스 셔츠의 소매 길이는 양복보다 1cm 정도 길고, 셔츠 깃도 양복보다 1cm 정도 올라와 있는 것이 좋다.

QR 코드를 찍으면 〈수화 동영상〉 설명을 보실 수 있습니다.

23
남성 정장은 엄마와 고르면 안 된다

아들이 학교를 졸업하고 사회에 나아간다는 것만으로도 부모님의 입장에서는 너무나 대견하고 뿌듯함을 느끼게 된다. 특히 첫 직장을 선택하기 위해 정장을 구입해야 하는 경우라면 가격 때문에 부담을 느끼더라도 가능하면 좋은 정장을 사 주고 싶은 것이 모든 부모의 마음일 것이다. 하지만 처음 정장 매장을 방문할 때 어머니 또는 여자친구와 함께 정장을 선택하면 문제가 발생할 가능성이 높다.

처음 구매한 대부분의 양복은 고급 제품이라고 하더라도 오랫동안 애용하는 경우가 많지 않다. 대개 자신의 체형이나 양복의 특징에 대해 잘 모르는 상태에서 자신의 주관적인 생각보다는 매장의 판매 사원이나 동행한 사람들의 의견에 따라 구매하기 때문이다. 가정주부인 어머니의 경우라면 40대 후반이나 50대 정도의 아버지가 입는 정장에 익숙해서 20대의 스타일에 어울리는 디자인이 어색해 보인다. 또한 엄마의 입장에서 멋지게 보이는 정장은 여성적인 취향의 색상 또는 디자인인 경우가 많아 실패할 확률이 높다. 또 여자들은 양복을 입어 보지 않았기에 어떤 디자인이 실용적이고 착용감이 좋은지 판단하기가 어렵다.

여자친구의 입장에서 볼 때도 마찬가지다. 남자친구를 드라마에 나오는 '꽃미남'에 맞추고 싶어서 남성미를 느낄 수 있는 면접용 정장을 선택하기가 거의 불가능하다고 본다. 따라서 면접을 위한 정장을 구입할 때는 직장 생활을 하시는 아버지 또는 30~40대 남자와 함께 구입하는 것이 실패 확률을 낮추고 면접관의 눈높이에 맞는 연출이 가능하다.

면접용 의상을 고를 때 주의할 점

첫째, 매장 안의 마음에 드는 옷은 모두 입어 본다. 자신에게 맞는 옷이 무엇인지 정확히 알기 위해서는 입어 보아야 한다. 여러 벌을 입어 보면 점원이 싫은 표정을 짓기도 하지만 옷을 사기 위한 과정이니 상관없다. 자신이 확신이 들 때까지 입어 본다.

둘째, 정면뿐만 아니라 뒷면도 살펴보아야 한다. 앞면은 괜찮지만 뒷모습이 별로인 경우도 있고, 옷이 큰지 작은지는 뒷모습에서 발견하기 쉽기 때문이다. 옷은 혼자 사는 것보다 조언해 줄 다른 누군가와 함께 가는 것이 좋다.

셋째, 허리와 소매 등이 불편하지 않은지 움직여 봐야 한다. 정장은 움직임이 크지 않지만 하루 종일 입고 있을 때 피곤하지 않아야 한다. 팔을 움직였을 때 겨드랑이가 낀다거나 앉았을 때 엉덩이가 조인다면 맞지 않는 옷이다. 간혹 몸에 꼭 끼지만 살을 빼고 입겠다는 계획으로 작은 옷을 사는 경우가 있는데, 90% 이상이 불편해서 이후 입지 못하게 된다.

넷째, 꼭 마음에 들지 않으면 사지 않는다. 시간이 많지 않더라도 그 옷을 꼭 사야 할 이유가 없기 때문에 정말 마음에 꼭 들지 않는다면 사지 말고, 다른 날 다른 매장을 다녀 본다. 옷에도 궁합이 있다. 자신에게 맞는 옷은 가볍고 옷의 맵시가 자연스럽게 흐르는 것을 느낄 수 있다.

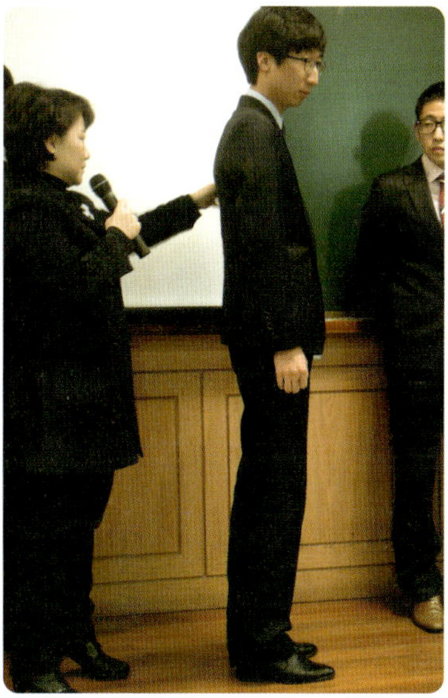

체형에 맞는 수트 확인

청각장애인을 위한 수화 동영상 코너

이제 막 사회에 진출하는 남자들이 처음으로 정장을 구입하려고 매장을 방문할 때는 주의할 점이 있다. 바로 어머니 또는 여자친구 등과 함께 가면 안 된다는 것이다. 어머니의 입장에서 보면 어린아이 같던 아들이 커서 사회인이 된다고 생각하니 뿌듯하기도 하고, 장애를 이겨 내고 사회로 나아가는 시점에서 가능하면 좋은 양복을 사 주고 싶은 마음일 것이다. 하지만 대부분 처음 구매한 양복은 오랫동안 애용하는 경우가 많지 않다. 대개 자신의 체형이나 양복의 특징에 대해 잘 모르는 상태에서 자신과 동행한 사람들의 의견에 따라 구입하게 되는데, 여자들은 양복을 입어 보지 않았기에 어떤 디자인이 실용적이고 착용감이 좋은지 판단하기가 어렵다. 여자친구의 입장에서도 남자친구를 '꽃미남'으로 만들고 싶은 마음에 실패할 확률이 높다. 따라서 첫 정장을 구입할 경우에는 아버지 또는 직장 생활을 하는 30~40대 남자와 함께 구입하는 것이 좋다.

〈면접용 의상을 고를 때 주의할 점〉

첫째, 매장 안의 마음에 드는 옷은 모두 입어 본다.

둘째, 정면뿐만 아니라 뒷면도 살펴보아야 한다. 옷이 큰지 작은지는 뒷모습에서 발견하기 쉽기 때문이다.

셋째, 허리와 소매 등이 불편하지 않은지 움직여 봐야 한다.

넷째, 꼭 마음에 들지 않으면 사지 않는다. 옷에도 궁합이 있다. 자신에게 맞는 옷은 가볍고 옷의 맵시가 자연스럽게 흐르는 것을 느낄 수 있다.

QR 코드를 찍으면 〈수화 동영상〉 설명을 보실 수 있습니다.

24
정장 잘 고르기

정장을 구입하기 위하여 매장에 가기에 앞서 현재 무엇을 입고 있는가를 먼저 살펴보자. 늘 입던 대로 청바지에 티셔츠를 입었다면 양복 매장보다 드레스 셔츠 매장에 먼저 가서 자신의 목둘레와 팔 길이에 맞는 무늬나 장식이 없는 흰색 긴팔 드레스 셔츠를 구입하자. 흰색 드레스 셔츠는 양복 안에 반드시 입어야 하는 이너웨어이기에 꼭 구입해야 하는 필수 품목이기 때문이다. 매장에는 드레스 셔츠를 입고 오지 않는 사람들을 위하여 대중적인 사이즈의 드레스 셔츠가 준비되어 있기도 하다. 하지만 많은 사람이 입어 보았기 때문에 지저분하기도 하고, 자신에게 맞는 사이즈가 아니면 양복을 입었을 때 양복이 잘 맞는지 판단하기가 어렵다. 그러므로 자신의 드레스 셔츠를 입고 가는 것이 좋다.

판매 사원의 입장에서도 캐주얼 복장으로 온 고객에 비하여 정장을 입고 온 고객의 경우 취향과 스타일을 쉽게 파악할 수 있어서 고객에게 어울리는 제품을 추천하기가 쉽다. 그리하여 빠른 시간에 자신에게 맞는 정장 스타일을 선택할 수 있다. 또한 운동화나 슬리퍼 대신에 구두 등 정장에 어울리는 신발을 신고 가는 것도 한 가지 요령이다. 정장 선택이 끝나고 바지 길이를 수선해야 할 경우, 자신의 구두에 맞추면 정확한 수선이 가능하다.

양복을 선택할 때도 캐주얼 복장에 비하여 꼼꼼히 따져 보아야 할 내용이 많다. 캐주얼은 S, M, L이나 90, 95, 100, 105 등 평균적인 사이즈가 있지만, 슈트는 팔 길이, 허리둘레, 키, 어깨 넓이에 따라 다양한 사이즈가 나온다. 이는 개인의 신체 사이즈에 최대한 맞추어 입어야 착용감과 실루엣이 살아나기 때문이다.

슈트를 고를 때 주의할 점

- 어깨가 잘 맞는지 살핀다. 슈트의 힘은 어깨에서 나온다는 이야기가 있듯이 어깨와 허리선이 딱 맞아야 정장 스타일이 완성된다. 세로로 주름이 생기면 어깨가 큰 것이다.
- 등에 주름이 없는지 살핀다. 가로로 줄이 생기면 어깨가 작은 것이고, 등에 팔(八)자 모양의 주름이 생기면 품이 너무 커서 원단이 늘어지는 것이기 때문에 주름이 없이 평평해야 한다.
- 재킷의 뒤트임(벤트, vent)이 벌어지면 엉덩이 부분이 작은 것이므로 벤트가 벌어지는지 살핀다.

- 양팔을 안으로 굽혀 보아 불편한지 살핀다. 일을 하는 데 불편함이 없어야 한다.
- 겨드랑이 부분에 주름이 있는지 살핀다. 주름이 생기면 재킷이 작은 것이다.
- 재킷의 단추를 모두 채우고 약간의 여유가 있어야 한다. 주먹 하나 정도가 들어갈 수 있으면 된다. 너무 꼭 맞으면 활동이 불편해진다.
- 재킷의 소매 길이는 팔목뼈를 약간 덮거나 손등을 3분의 1 정도를 덮도록 한다.
- 단추들이 제자리에 튼튼하게 잘 달려 있는지, 여분의 단추가 있는지 확인한다.
- 안감이 고르게 정리되어 있고 주머니의 양쪽 위치가 같은지 살펴본다.
- 바지 길이는 구두의 등 부분을 3분의 2 정도 덮는 것이 적당하다.
- 드레스 셔츠가 양복 깃 밖으로 빠져나오는지 살핀다. 만약 빠져나온다면 어깨가 좁아서 벌어지는 것이다.
- 체크나 스트라이프 원단의 경우 전체적으로 무늬가 잘 맞는지 살핀다.
- 바지는 지퍼가 안 보이고 충분히 내려가는지 살핀다. 허리가 작은 옷은 지퍼 덮개가 벌어져 지퍼가 보이는 경우가 있다.

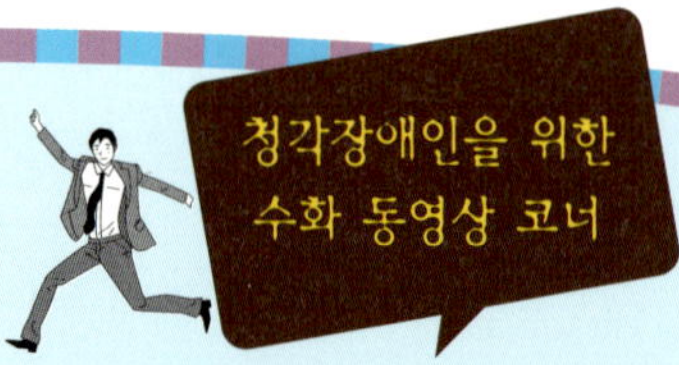

정장을 구입하기 위하여 매장에 가기에 앞서 현재 무엇을 입고 있는가를 먼저 살펴보자. 늘 입던 대로 청바지에 티셔츠를 입었다면 양복 매장보다 드레스 셔츠 매장에 먼저 가서 자신의 목둘레와 팔 길이에 맞는 무늬나 장식이 없는 흰색 긴팔 드레스 셔츠를 구입하자. 흰색 드레스 셔츠는 양복 안에 반드시 입어야 하는 필수 품목이기 때문이다.

판매 사원의 입장에서도 캐주얼한 복장으로 온 고객에 비하여 정장을 입고 온 고객의 경우 취향과 스타일을 쉽게 파악할 수 있어서 고객에게 맞는 제품을 추천하기가 쉽다. 그리하여 빠른 시간에 자신에게 맞는 스타일을 선택할 수 있다. 또한 운동화나 슬리퍼 대신에 구두 등 정장에 어울리는 신발을 신고 가는 것도 한 가지 요령이다. 정장 선택이 끝나고 바지 길이를 수선해야 할 경우, 자신의 구두에 맞추면 정확한 수선이 가능하다.

〈슈트를 고를 때 주의할 점〉

- 어깨가 잘 맞는지 살핀다. 어깨와 허리선이 딱 맞아야 정장 스타일이 완성된다. 세로로 주름이 생기면 어깨가 큰 것이다.
- 재킷의 뒤트임(벤트, vent)이 벌어지면 엉덩이 부분이 작은 것이므로 벤트가 벌어지는지 확인한다.
- 재킷의 단추를 모두 채우고 약간의 여유가 있어야 한다. 주먹 하나 정도가 들어갈 수 있으면 된다. 너무 꼭 맞으면 활동이 불편해진다.
- 재킷의 소매 길이는 팔목뼈를 약간 덮도록 한다.
- 바지 길이는 구두의 등 부분을 3분의 2 정도 덮는 것이 적당하다.
- 드레스 셔츠가 양복 깃 밖으로 빠져나오는지 살핀다. 만약 빠져나온다면 어깨가 좁아서 벌어지는 것이다.

QR 코드를 찍으면 〈수화 동영상〉 설명을 보실 수 있습니다.

25
코트도 잘 입으면 신사가 된다

학교를 졸업하고 취업을 하는 데 있어서 준비해야 할 것도 많고 비싼 정장도 사야 하기 때문에 코트의 스타일까지 중요하다는 것을 이야기하는 것이 다소 부담스럽지만, 코트를 구입해야 하는 경우를 대비하여 설명한다.

기업에서 면접을 보는 기간이 특별히 정해진 것은 아니지만, 졸업을 전후로 취업 시즌이 시작되기 때문에 겨울에 면접이 이루어지는 경우가 많다. 겨울에는 코트를 입게 되는데, 코트는 방한의 목적만이 아니라 권위와 격식, 예의를 상징하는 역할도 한다. 따라서 슈트 위에 오리털 파카나 점퍼는 어울리지 않는 코디가 된다. 코트를 구입하려고 매장을 방문했을 때 슈트를 입고 가지 않았다면 판매하는 정장의 상의를 빌려 입고 코트를 입어 본다. 코트도 슈트와 마찬가지로 어깨가 잘 맞아야 하며, 특히 가슴 부위에 세로로 선이 생기지 않아야 한다. 소매 길이는 양복과 드레스 셔츠를 모두 덮는 손등 반 정도로 한다. 코트는 키에 비례하여 길이가 조절된다. 롱 코트는 키를 커 보이게도 하지만 잘못 입으면 키를 더욱 작아 보이게도 하므로 자신과 잘 맞는 스타일을 선택해야 한다. 반코트도 재킷 길이보다 조금 길게 입어야 한다. 반코트 아래로 재킷의 상의가 보이면 어색해진다. 코트의 길이는 유행에 따라 차이가 있지만, 길이가 길어지면 중압감을 줄 수 있다. 코트도 양복과 마찬가지로 디자인이 다양한데, 단추는 싱글 또는 더블 형태가 있다.

코트는 추위를 막는 것을 목적으로 하기 때문에 원단이 중요하다. 양복과 마찬가지로 순모 원단이나 울 혼방 원단을 주로 사용하고, 밍크 털이나 토끼털을 목 부위에 부착한 디자인도 많이 나온다. 면접장에서는 코트를 벗는 것이 원칙이다. 코트는 외투이기 때문에 실내에서 입는 것은 실례가 된다. 코트는 원단과 스타일에 따라 다양하게 나뉘는데, 체스터필드 코트(Chesterfield coat), 트렌치 코트(trench coat), 폴로 코트(polo coat), 피 코트(pea coat), 발마칸 코트(balmacaan coat), 더플 코트(duffel coat) 등이 대표적이다.

- 체스터필드 코트는 영국의 체스터필드 백작의 이름에서 유래되었으며, 단추가 한 줄로 있는 싱글 타입과 두 줄로 있는 더블 타입으로 나뉜다. 깃 뒷면에 검은색 벨벳이 부착되기도 한다. 비즈니스 슈트에 어울리는 가장 일반적인 코트 형태다.

• 트렌치 코트는 제1차 세계대전 때 영국 병사가 입었던 것에서 유래된 것으로, 우리나라에서는 일명 '바바리'로 통용된다. 트렌치 코트는 백여 년 동안 전통을 지켜 왔기 때문에 전통성이나 규범적인 직업에 잘 어울리는 스타일이다. 어깨가 있고 체격이 큰 사람들에게 어울리는 형태로 세련된 이미지를 연출할 수 있다. 안감이 분리되는 디자인은 가을과 겨울 모두 활용이 가능하다.

• 폴로 코트는 폴로 선수들이 입는 스타일이 정장용으로 일반화된 것이다. 길이가 길고 어깨선이 살아 있기 때문에 차별화된 디자인을 원하는 사람에게 좋다. 키가 큰 사람에게 어울리는 스타일이다.

• 피 코트는 스타일과 보온성을 갖추었으며, 캐주얼하면서도 정장과 잘 매치되는 스타일이다. 블랙 팬츠에 라펠이 넓은 무채색 피 코트는 세련된 이미지를 줄 수 있고, 색상이 있는 머플러와 함께 착용하면 보온성뿐만 아니라 색다른 이미지 연출도 가능하다.

• 발마칸 코트는 비즈니스 웨어뿐만 아니라 세미 정장에도 다양하게 사용할 수 있는 타입으로 가볍게 입을 수 있다. 최근에는 기능성 원단이나 토끼털 또는 밍크 털을 안감으로 넣어 따뜻하게 입을 수 있도록 하였다. 어깨 라인이 부드럽기 때문에 면접용으로는 다소 망설여진다.

• 더플 코트는 북유럽의 어부들이 입었던 형태를 영국 해군

이 착용하면서 패션으로 유행하였다. 모자가 달려 있고, 모직 원단이며, 나무나 소뿔 따위로 만든 토글로 장식 끈을 잠그도록 되어 있다. 어린아이부터 어른까지 즐겨 입을 수 있는 형태로 활동적인 캐주얼 스타일이라고 할 수 있다.

체스터필드 코트

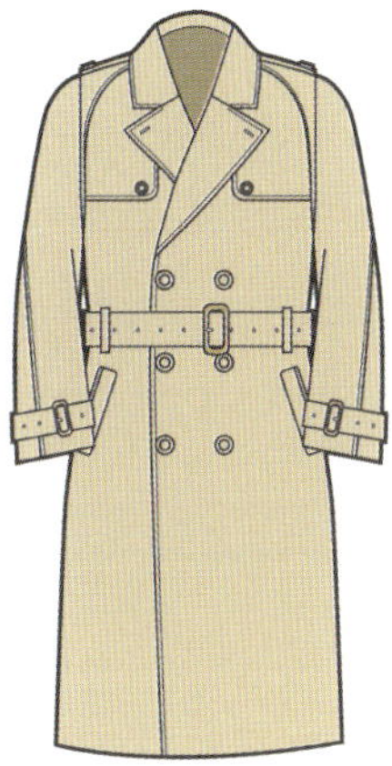
트렌치 코트

폴로 코트

피 코트

발마칸 코트

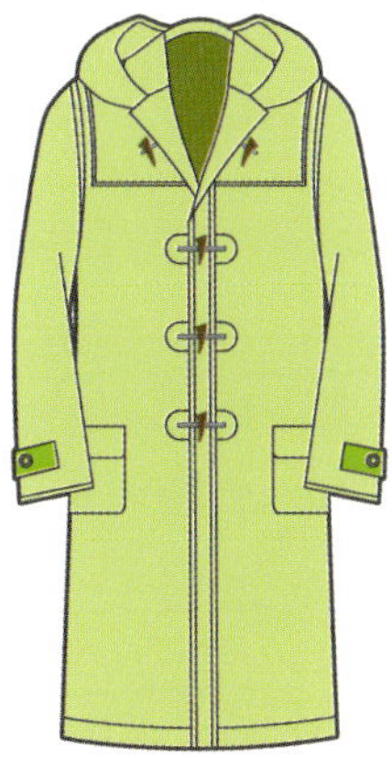
더플 코트

청각장애인을 위한
수화 동영상 코너

기업에서 면접을 보는 기간이 특별히 정해진 것은 아니지만, 졸업을 전후로 취업 시즌이 시작되기 때문에 겨울에 면접이 이루어지는 경우가 많다. 겨울에는 코트를 입게 되는데, 코트는 방한의 목적만이 아니라 권위와 격식, 예의를 상징하는 역할도 한다. 따라서 슈트 위에 오리털 파카나 점퍼는 어울리지 않는 코디가 된다. 코트도 슈트와 마찬가지로 어깨가 잘 맞아야 하고, 특히 가슴 부위에 세로로 선이 생기지 않아야 하며, 소매 길이는 양복과 드레스 셔츠를 모두 덮을 정도로 약간 길어야 한다.

코트는 키에 비례하여 길이가 조절된다. 롱 코트는 키를 커 보이게도 하지만 잘못 입으면 키를 더욱 작아 보이게도 하므로 자신과 잘 맞는 스타일을 선택해야 한다. 반코트도 재킷 길이보다 조금 길게 입어야 한다. 코트의 길이는 유행에 따라 차이가 있지만, 길이가 길어지면 중압감을 줄 수 있다. 코트도 양복과 마찬가지로 디자인이 다양한데, 단추는 싱글 또는 더블 형태가 있다.

코트는 추위를 막는 것을 목적으로 하기 때문에 원단이 중요하다. 양복과 마찬가지로 순모 원단이나 울 혼방 원단을 주로 사용하고, 밍크 털이나 토끼털을 목 부위에 부착한 디자인도 많이 나온다. 주의할 점이 있다면 면접장에서는 코트를 벗는 것이 원칙이다. 코트는 외투이기 때문에 실내에서 입는 것은 실례가 된다. 코트는 원단과 스타일에 따라 다양하게 나뉘는데, 체스터필트 코드, 트렌치 코트, 폴로 코트, 피 코트, 발마칸 코트, 더플 코트 등이 대표적이다.

QR 코드를 찍으면 〈수화 동영상〉 설명을 보실 수 있습니다.

26
남성의 체형에 따른 패션 코디네이션

이 세상의 모든 사람은 저마다 장단점을 가지고 있다. 완벽해 보이는 연예인들조차 콤플렉스를 가지고 있는 것을 보면 세상은 공평하다고 해야 할까? 사람마다 얼굴이 다르듯이 체형도 모두 차이가 있다. 따라서 평균 체형을 고려하여 제작된 기성복은 어떻게 선택하는가에 따라 옷맵시에서 차이가 난다. 각 브랜드마다 추구하는 디자인의 세계가 있는 것처럼 타깃 고객이 있다. 20대의 키 크고 늘씬한 사람들을 위해 제작된 제품을 40대의 조금 뚱뚱한 사람이 입는다면 왠지 어색해 보일 것이다. 더구나 큰 사이즈는 제작되지 않는 경우도 있다. 또 평범한 일반인을 대상으로 디자인된 옷은 스타일을 중시하는 사람에게는 지루한 디자인이 되기 쉽다. 패션 브랜드에서 모델을 선정할 때도 브랜드의 이미지와 잘 맞는 연예인으로 결정하기 때문에, 기성복을 구입하기 전에 카탈로그와 홈페이지를 통해 모델 및 제품의 스타일을 확인하고 매장에 방문하면 스타일이 맞지 않아 고생하는 시간을 절약할 수 있다.

의류 매장에 진열된 옷이 다른 공산품과 다른 점은 옷걸이에 걸려 있을 때와는 달리 사람이 입었을 때 제품이 가지고 있는 이미지가 입은 사람과 일치되면서 변화된다는 점이다. 따라서 자신의 신체 특징에 대한 파악이 이루어지면 잘 어울리는 옷 스타일을 찾을 수 있고, 강조해야 할 부분은 강조하고 부족한 부분은 보완해 주어 원하는 이미지를 얻을 수 있다. 자신의 이미지를 만드는 과정에서 단점인 뚱뚱한 엉덩이를 커버하기 위해 긴 재킷을 입는다면 다리 길이가 짧아져서 더욱 뚱뚱해 보이는 결과가 초래된다. 따라서 자신의 단점을 커버하기보다는 장점을 먼저 찾아보자. 장애를 가지고 있기 때문에 어떠한 방법으로도 가려질 수 없다면 과감히 드러내 보이는 것도 한 방법이다. 감추기보다는 드러내고 당당해질 때 다른 사람들이 자연스럽게 인정할 수 있지만 부끄러워하고 감추려고만 한다면 서로 어색해지기 때문이다. 신체의 특성에 따른 코디네이션 방법에 대하여 좀 더 자세히 알아보면 다음과 같다.

- 키가 큰 사람은 일반인에 비하여 거대해 보이기 쉽다. 이때는 어두운 톤의 정장을 추천한다. 상의는 짙은 곤색이나 검은색으로 하고 하의는 다른 색으로 코디네이트를 하면 상하가 분리되어 키가 큰 단점을 보완할 수 있다. 바지나 벨트, 구두에 악센트를 주어 시선을 아래로 향하도록

하는 것도 한 방법이다.

- 너무 마르고 피부가 흰 사람은 유약해 보이기 쉽다. 따라서 볼륨감이 나도록 한다. 정장의 칼라는 광택이 있고 밝은 톤이나 독특한 느낌이 있는 원단으로 팽창 효과를 유도한다. 또한 대담한 색상이 흰 피부와 잘 어울릴 수 있으므로 하늘색, 분홍색 드레스 셔츠를 선택할 수 있다. 파스텔 컬러의 체크나 가로 무늬의 스트라이프 넥타이는 마른 체형을 커버해 준다. 특히 일반인이 잘 하지 못하는 그린 계열의 넥타이는 신선함을 가져올 수 있다.
- 머리가 큰 사람도 정장의 어깨 넓이에 따라 부각되지 않을 수 있다. 폭이 좁고 꼭 끼는 디자인보다는 어깨가 약간 넓고 여유가 있는 형태가 좋다. 안경으로 얼굴의 크기를 커버하는 것도 좋은데, 이때 작은 안경은 얼굴을 더 크게 보일 수 있으므로 주의해야 한다.
- 배가 나와 고민인 사람은 되도록 체크 무늬를 피하고 단색 원단으로 상하의를 통일한다. 뚱뚱한 몸매를 가리기 위해 헐렁한 옷을 입으면 더욱 뚱뚱해 보일 수 있다. 이때는 선명한 색상의 넥타이로 확실히 포인트를 준다.
- 목이 짧고 굵은 사람이 굵은 스타일의 넥타이를 착용하면 목이 더욱 굵어 보인다. 깃에 장식이 많지 않은 드레스 셔츠를 선택하는 것이 좋고, 넥타이도 매듭을 크게 매지 않는 것이 좋다.

• 배가 나온 체형은 허리 부분이 강조되면 더욱 부각되어 보인다. 배가 나온 사람은 식사 전후와 공복에 배 크기의 변화가 크기 때문에 바지가 흘러내릴 가능성이 있어서 서스펜더(멜빵)를 하기도 하는데, 서스펜더와 벨트를 같이 하지 않아야 한다. 이런 경우에 양복 안에 조끼를 입으면 배 부분이 커버되어 효과적이다. 또한 일반적인 벨트 위치를 피해야 한다. 벨트의 위치를 올리면 다리가 길어 보이고 안정감이 있다. 하지만 엉덩이가 강조될 수 있다. 반대로 벨트 라인을 내리면 활동적인 이미지가 생길 뿐만 아니라 편하다. 하지만 배가 강조되기 때문에 더욱 뚱뚱해 보일 수 있다. 어느 쪽을 택하는가는 자신의 스타일에 달려 있다.
• 다리가 짧은 체형은 허리선을 강조한다. 허리선이 높으면 다리 길이가 더욱 강조될 수 있다.

청각장애인을 위한 수화 동영상 코너

이 세상의 모든 사람은 저마다 장단점을 가지고 있다. 사람마다 얼굴이 다르듯이 체형도 모두 차이가 있다. 따라서 평균 체형을 고려하여 제작된 기성복은 어떻게 선택하는가에 따라 옷맵시에서 차이가 난다.

의류 매장에 진열된 옷이 다른 공산품과 다른 점은 옷걸이에 걸려 있을 때와는 달리 사람이 입었을 때 제품이 가지고 있는 이미지가 변화된다는 점이다. 따라서 자신의 신체 특징에 대한 파악이 이루어지면 잘 어울리는 옷 스타일을 찾을 수 있고, 강조해야 할 부분은 강조하고 부족한 부분은 보완해 주어 원하는 이미지를 얻을 수 있다. 따라서 자신의 단점을 커버하기보다는 장점을 먼저 찾아보자.

- 키가 큰 사람은 일반인에 비하여 거대해 보이기 쉽다. 이때는 어두운 톤의 정장을 추천한다.
- 너무 마르고 피부가 흰 사람은 유약해 보이기 쉽다. 따라서 볼륨감이 나도록 한다. 정장의 칼라는 광택이 있고 밝은 톤이나 독특한 느낌이 있는 원단으로 팽창 효과를 유도한다.
- 머리가 큰 사람도 정장의 어깨 넓이에 따라 부각되지 않을 수 있다. 폭이 좁고 꼭 끼는 디자인보다는 어깨가 약간 넓고 여유가 있는 형태가 좋다.
- 배가 나와 고민인 사람은 되도록 체크 무늬를 피하고 단색 원단으로 상하의를 통일한다.
- 목이 짧고 굵은 사람이 굵은 스타일의 넥타이를 착용하면 목이 더욱 굵어 보인다. 깃에 장식이 많지 않은 드레스 셔츠를 선택하는 것이 좋고, 넥타이도 매듭을 크게 매지 않는다.

QR 코드를 찍으면 〈수화 동영상〉 설명을 보실 수 있습니다.

Part 04

면접을 위한 여성 정장

27
예쁜 것도 실력이다

요즘 거리를 거니는 여자들을 보면 모두 예쁘다. 키도 크고 날씬하며 화장도 세련되게 하여 모델 같은 사람들이 너무도 많다. 하지만 막상 면접을 보기 위해 거울에 서면 왜 이리 초라해지는지. 예쁘지도 않고, 날씬하지도 않고, 다리도 짧고, 얼굴도 둥그렇고, 눈썹도 흐리고, 머리숱도 적고, 등등 다른 사람과 비교되는 부분이 너무도 많다. 요즘 시대에는 예쁜 것도 경쟁력이다. 기업에서 직원을 채용할 때, 특히 여자 직원을 뽑을 때 같은 조건이면 예쁜 여자 사원을 뽑으려고 하는 것은 어찌 보면 너무나 당연한 일이고, 또 그것을 탓할 수는 없다. 하지만 모든 여자가 김태희처럼 예쁠 수는 없는 일이고 모델처럼 늘씬할 수도 없다.

김연아 선수도 처음부터 화려하게 등장한 것은 아니다. 그리 예쁘지도 않았고, 우리나라에서 세계적인 피겨스케이팅 선수가 나오리라는 것을 기대하지도 않았다. 하지만 요즘 TV를 켜면 광고에서 자주 김연아 선수를 만날 수 있다. 꾸준함과 노력하는 모습으로, 특히 일본을 꺾고 세계에 우리의 자존심을 세워 준 김연아 선수는 연예인 저리 가라 할 정도로 어찌나 예뻐게 느껴지는지. 박지성 선수도 마찬가지다. 잘생긴 남자 연예인들에 비하면 눈도 작고 피부도 거칠지만 얼마나 남자답게 느껴지는지 모르겠다. 반면에 반짝 스타가 있다. 처음에는 멋진 외모로 운 좋게 스타가 되었지만 가지고 있는 능력이 바닥나 순식간에 사라져 버리는 연예인들을 우리는 많이 보아 왔다. 이와 같이 자신이 가지고 있는 능력으로 최선을 다하는 모습을 보일 때 그 사람의 눈에서는 빛이 난다. 그때 느껴지는 아름다움은 외모로만 평가되는 것과는 차이가 있다.

자신의 외모가 부족하다고 느낄 때는 거울 앞에서 자신의 장점을 찾고자 노력하는 것도 실력이다. 20대에는 젊음 하나만으로도 충분히 아름답다. 아무리 예뻐도 나이를 이길 수는 없는 노릇이다. 메이크업은 기술이다. 거울을 보면서 관심을 갖고 노력하면 메이크업 기술도 늘고, 나아가 자신의 단점을 장점으로 바꿀 수 있다. 화장한 여자의 변신은 무죄라는 말이 있듯이 누구나 하는 메이크업을 자신에게 맞는 스타일로 찾아가는 것도 노력이기 때문이다. 메이크업 전문 학원이 아니어도 백화점 문화 센터나 여성 센터의 강좌에서 쉽게 찾아볼 수 있는 메이크업 강의를 듣는 노력을 기울이는 것도 한 방법이다. 인터넷에서 TV에서 방송된 아름다움에 관한 내용을 찾아보면 생각보다 정보가 매우 많다.

우리 주위에는 예쁘지는 않지만 세련된 이미지를 가진 사람들이 있다. 반대로 예쁜 얼굴이지만 그늘지고 어두운 표정을 가진 사람들도 있다. 통통하지만 푸근하고 부드러운 인상을 가지고 있기도 하고, 날씬하지만 연약해 보이기도 하며, 키가 작지만 당차 보이기도 한다. 방송계나 스튜어디스를 지원하는 경우에는 세련된 이미지가 어울리겠지만, 복지계에 지원하는 경우에는 이지적이고 냉철해 보이는 인상보다는 부드러운 인상이 좋은 점수를 받을 수 있다. 무조건 예뻐지기 위해서 노력하기보다는 자신이 원하는 직업에 어울리는 이미지를 만들기 위해서, 그리고 그 분야에서 실력으로 인정받기 위해서 노력하자. 그런 노력은 반짝이는 눈빛을 만들고, 면접관들은 그것을 알아볼 것이다. 너무 걱정하지 말자. 기업이나 단체, 정부기관 등 직장에서 일하는 사람들을 보면 예쁘고 멋진 사람보다 그렇지 않은 사람들이 더 많은 것 같으니 말이다.

청각장애인을 위한 수화 동영상 코너

요즘 거리를 거니는 여자, 남자들을 보면 모두 예쁘고, 멋있는 사람들이 너무 많다. 하지만 거울 앞에 있는 나는 예쁘지도 않고, 날씬하지도 않고, 다리도 짧고, 등등 다른 사람과 비교되는 부분이 어찌나 많은지 면접을 보기 전부

터 자신감이 떨어진다. 특히 장애인의 경우 비장애인과 경쟁을 하게 된다면 더욱 위축되는 것이 사실이다. 하지만 너무 걱정하지 말자. 기업이나 정부기관에서 일하는 사람들을 보면 예쁘고 멋있는 사람보다 그렇지 않은 사람들이 더 많은 것 같으니 말이다. 김연아 선수도 처음부터 화려하게 등장한 것은 아니다. 하지만 꾸준함과 노력하는 모습으로, 특히 일본을 꺾고 세계에 우리의 자존심을 세워 준 김연아 선수는 연예인 저리 가라 할 정도로 어찌나 예쁘게 느껴지는지. 박지성 선수도 마찬가지다. 잘생긴 남자 연예인들에 비하면 눈도 작고 피부도 거칠지만 얼마나 남자답게 느껴지는지 모르겠다. 자신이 가지고 있는 능력으로 최선을 다하는 모습을 보일 때, 그 사람의 눈에서는 빛이 난다. 그때 느껴지는 아름다움은 외모로만 평가되는 것과는 차이가 있다.

자신의 외모가 부족하다고 느낄 때는 관심을 갖고 거울을 보면서 노력하자. 그러면 메이크업 기술도 늘고, 자신의 단점을 장점으로 바꿀 수도 있다. 우리 주위에는 예쁘지는 않지만 세련된 이미지를 가진 사람들이 있다. 방송계나 스튜어디스를 지원하는 경우에는 세련된 이미지가 어울리겠지만, 복지계에 지원하는 경우에는 이지적이고 냉철해 보이는 인상보다는 부드러운 인상이 좋은 점수를 받을 수 있다. 무조건 예뻐지기 위해서 노력하기보다는 자신이 원하는 직업에 어울리는 이미지를 만들기 위해서, 그리고 그 분야에서 실력으로 인정받기 위해서 노력하자. 그런 노력은 반짝이는 눈빛을 만들고, 면접관들은 그것을 알아볼 것이다.

QR 코드를 찍으면 〈수화 동영상〉 설명을 보실 수 있습니다.

28
여자는 면접 때 꼭 치마를 입어야 하나요

취업 면접을 위해 컨설팅을 진행하다 보면 여학생으로부터 “면접 때는 꼭 치마를 입어야 하나요?”라는 질문을 가장 많이 받게 된다. 간단하게 치마의 역사를 살펴보면, 사극에서 보는 바와 같이 오랜 기간 긴 한복 치마를 입어 오다가 해방이 되었다. 이후, 여성들이 직업을 갖게 되면서 활동하기 좋은 바지가 확산된 것이다. 유럽에서도 19세기 대혁명 이후 여성 해방과 남녀 평등권을 확립하는 노력의 일환으로 바지를 입은 여성들이 등장하기 시작하였다. 오랜 기간 여자들이 치마를 입어 왔지만, 오늘날 여자들에게 치마는 선택의 문제일 뿐 꼭 입어야 하는가로 고민할 필요는 없다고 본다. 남자들이 치마를 입을 수 없기 때문에 여자가 치마를 입었을 때는 여성성이 강조될 수 있어, 비서직이나 스튜어디스, 유치원 교사 등을 지망할 경우 치마를 입는 것이 유리할 수 있다. 반면 활동성을 강조하는 영업직의 경우에는 바지 정장이 더 좋을 수 있다. 여자들은 남자들에

출처: TNGT

비하여 의상 선택의 폭이 넓고, 자신의 신체를 고려하여 패션 스타일을 선택하는 것이 유리하다. 그래서 치마를 입을 것인가 혹은 바지를 입을 것인가에 대한 고민보다는 자신과 가장 잘 어울리는 스타일이 무엇인지를 찾는 것이 시급하다. 무엇보다 자신을 돋보이게 하는 패션 선택이 중요하다.

최근 연예인을 중심으로 지나치게 짧은 스커트가 대세다. 20~30대의 여성들이 짧은 치마를 입고 생활하다 보니 스스로도 익숙해져서 면접에 별 생각 없이 짧은 치마를 입는 경우가 있다. 서 있을 경우에는 문제가 없을 수 있겠지만, 몸에 붙는 짧은 스커트를 입고 앉아서 면접을 보면 치마에 신경이 쓰여서 손이 자꾸 치마로 가게 되고 질문에 집중하기가 어려워진다. 면접관들의 나이가 40대 후반에서 50대임을 감안하면 너무 짧은 치마보다는 무릎에서 약간 위로 올라간 정도의 길이가 적당하다. 또한 바지 정장을 입을 경우에는 자세가 흐트러져서 다리를 벌릴 가능성이 있으므로 평상시에 주의하는 연습이 필요하다.

광고계, 방송계, 패션계의 전문 직종에 지원하고자 하는 여성은 면접 시 외모가 매우 중요하다. 이 계열에 근무하고자 하는 지원자는 방송이나 디자인에 많이 노출되어 있어서 대부분 유행에 대하여 민감하다. 유행에 민감하다는 것은 센스 있게 자신을 꾸밀 수 있다는 것을 의미한다. 하지만 기준이 예쁜 외모의 소유자를 선발하는 것이 아니라 가능성을 보는 것이기 때문에, 유행과 자신의 신체를 고려하여 의상을 선택하고 의상에 맞는 구두와 액세서리를 선택하는 것이 좋다. 하지만 지나치게 유행을 따르거나, 명품 가방을 들고 있거나, 화장을 짙게 하거나, 머리 장식을 많이 하는 것은 사치스럽다는 오해를 일으킬 수 있으니 주의해야 한다.

휠체어를 사용할 때, 치마는 우아한 느낌을 줄 수 있는 디자인을 선택하는 것이 좋다. 짧은 치마는 다리가 벌어질 가능성이 있기 때문에 좋지 않으며, 스커트의 길이가 길면 다리가 길어 보이는 효과도 있다. 신축성이 있어 구김이 덜 가는 원단으로, 단순한 형태보다는 랩 스커트로 선택한다. 무릎 부분에 프릴이 달려 있으면 화려한 이미지도 가능하다. 하지만 너무 긴 스커트는 현대 비즈니스 우먼의 이미지를 주기가 어려우므로

휠체어 사용자를 위한
기능성 강화 랩 스커트

휠체어 사용자를 위한
머메이드 스커트

너무 길지 않으면서도 풍성하지 않은 디자인으로 선택한다.

면접에서 중요한 것은 치마냐 바지냐의 의상 선택이 아니며, 실력을 기반으로 한 자유로운 정신과 무엇이든지 할 수 있다는 자신감에서 자신에게 집중하는 것이다. 이러한 여성이야말로 사회에서 멋지게 성장할 수 있는 여성이다.

청각장애인을 위한 수화 동영상 코너

취업 면접을 위해 컨설팅을 진행하다 보면 여학생으로부터 '면접 때는 꼭 치마를 입어야 하나요?' 라는 질문을 가장 많이 받게 된다. 오늘날 치마는 여자들에게 선택의 문제일 뿐 면접을 볼 때 꼭 입어야 하는가로 고민할 필요는 없다. 남자들이 치마를 입을 수 없기 때문에 여자가 치마를 입었을 때는 여성성이 강조될 수 있어, 비서직이나 스튜어디스, 유치원 교사 등을 지망할 경우 치마를 입는 것이 유리할 수 있을 것이다. 반면 활동성을 강조하는 영업직의 경우에는 바지 정장이 더 좋을 수 있다. 하지만 광고계, 방송계, 패션계의 전문 직종에 지원하고자 하는 여성은 면접 시 외모가 매우 중요하다.

이 계열에 근무하고자 하는 지원자는 방송이나 디자인에 많이 노출되어 있어서 대부분 유행에 대하여 민감하다. 하지만 기준이 예쁜 외모의 소유자를 선발하는 것이 아니라 가능성을 보는 것이기 때문에, 유행과 자신의 신체를 고려하여 의상을 선택하고 의상에 맞는 구두와 액세서리를 선택하는 것이 좋다. 하지만 지나치게 유행을 따르거나, 명품 가방을 들고 있거나, 화장을 짙게 하거나, 머리 장식을 많이 하는 것은 사치스럽다는 오해를 일으킬 수 있으니 주의해야 한다.

최근 20~30대의 여성들 상당수가 짧은 치마를 입다 보니 스스로도 익숙해져서 면접에 별 생각 없이 짧은 치마를 입는 경우가 있다. 서 있을 경우에는 문제가 없을 수 있겠지만, 몸에 붙는 짧은 스커트를 입고 앉아서 면접을 보면 치마에 신경이 쓰여서 손이 자꾸 치마로 가게 되고 질문에 집중하기가 어려워진다. 면접관들의 나이가 40대 후반에서 50대임을 감안하면 너무 짧은 치마보다는 무릎에서 약간 위로 올라간 정도의 길이가 적당하다고 본다. 또한 바지 정장을 입을 경우에는 자세가 흐트러져서 다리를 벌릴 가능성이 있으므로 평상시에 주의하는 연습이 필요하다. 치마냐 바지냐의 의상 선택이 중요한 것이 아니며, 실력을 기반으로 하는 자유로운 정신과 무엇이든지 할 수 있다는 자신감에서 자신에게 집중하는 것이 사회에서 멋지게 성장할 수 있는 여성이다.

QR 코드를 찍으면 〈수화 동영상〉 설명을 보실 수 있습니다.

29
여성의 체형에 따른 패션 코디네이션

신체를 두고 남과 비교하면서 괴로워하는 것은 어리석은 일이다. 키가 크거나 작은 것, 다리가 길거나 짧은 것, 뚱뚱한 것, 신체적인 장애를 가지고 있는 것 등은 현대 의학으로 변화시키기에는 너무나 많은 고통이 따르고 불가능할 수 있다. 따라서 부모님을 원망하거나 자기비하를 하기보다는 자신이 노력해서 얻을 수 있는 것이 무엇인지 찾아보자. 관심을 갖고 접근한 만큼 노력의 대가는 분명히 따르기 때문이다. 특히 남성의 슈트에 비하여 여성의 정장 스타일은 그야말로 무궁무진하기 때문에, 사람들과 다른 신체적 특징을 가지고 있다고 하더라도 체형을 고려하고 착시 현상을 이용하여 맞는 옷을 선택하면 세련된 인상을 줄 수 있다.

● 키가 커 보이고 날씬해 보이고 싶다면

이 세상에는 키가 큰 사람보다 자신이 원하는 키보다 작다

(a)

(b)

(c)

(d)

(e)

(f)

고 느끼는 사람이 더 많은 것 같다. 키가 커 보이고 싶다면 수직선을 활용하는 것이 좋다. 앞의 그림에서 (a)보다는(c), (d)보다는 (f)와 같이 세로선은 폭을 분할할수록 더 길고 좁아 보이게 된다. 허리선이 들어가는 디자인이라도 그림 (c)와 같이 세로선이 길게 연결되면 짧은 디자인보다 훨씬 날씬해 보인다. 색채의 영향도 받게 되는데, 상하의 색을 통일하고 어두운 색의 정장을 입을 때 더 날씬해 보인다.

● 너무 말라서 조금 넉넉하게 보이고 싶다면

우리 주위에는 많이 먹지만 살이 안 쪄서 고민인 사람도 드물게는 있다. 특히 장애로 인해 마르는 체형이라면 수평선이 강한 디자인을 선택한다. 다음 페이지의 그림 (h)와 같은 로우 웨이스트나 그림 (i)와 같은 하이 웨이스트로 허리가 강조되지 않게 한다. 정장의 색상은 상하의 색상이 다른 것이 좋고, 파스텔 컬러 등의 밝은색을 선택한다.

옷에 프린트된 선의 폭에 따라 체형이 다르게 보이기도 한다. 세로선이 강조된 그림 (나)와 (라)의 경우 날씬해 보이고, 가로선이 강조된 그림 (가)와 (다)의 경우 점잖아 보인다. 키가 크고 말랐다면 그림 (다)와 같이 간격이 넓은 가로선의 디자인이 좋다.

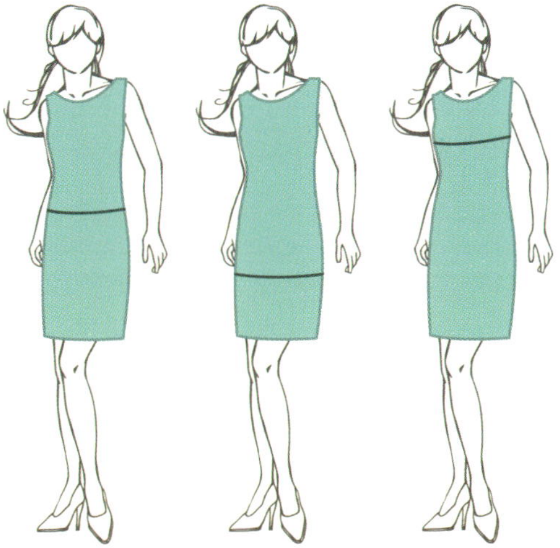

(g) (h) (i)

(가) (나) (다) (라)

가슴이 커서 고민이라면 속옷의 선택이 중요하다

브래지어의 모양은 겉옷에 영향을 미치게 되어 여성의 라인을 살려 주는 데 중요한 역할을 한다. 가슴이 커서 고민인 여성은 가슴을 앞으로 모아 주는 브래지어를 착용하면 실제보다 작아 보이게 된다. 반면에 가슴을 가리기 위해 프릴이나 장식이 있는 디자인을 선택하면 시선이 집중되어 더 커 보이므로 주의해야 한다. 상의 안쪽에 조끼를 입어 이너웨어를 정돈하는 것도 좋은 방안이다.

가슴이 작은 것도 고민이 된다

여성스러움이 강조되는 의상에서는 가슴이 작은 것이 특히 신경 쓰이게 되는데, 이때는 패드가 들어가 가슴선을 살릴 수 있는 브래지어를 선택한다. 하지만 가슴에 비하여 브래지어만 커지면 매우 어색해 보이므로 주의한다. 목이나 가슴 위치에 프릴이나 리본, 장식 등을 사용하는 것도 좋다.

키가 작은 체형은 귀여움으로 승부한다

키가 작은 여성은 우아함보다는 아기자기한 귀여움으로 코디한다. 원피스로 세로감을 높이고, 리본이나 장식으로 상의에 시선을 모은다. 투피스를 입을 경우에는 상의가 짧은 것이 좋다. 통이 넓은 바지나 상의 길이가 긴 재킷은 피한다.

살찐 체형은 과감해지자

날씬한 여성들의 세상인 것처럼 시중에 판매하는 옷들이 모두 작아 마음이 아프지만, 뚱뚱함을 가리기 위한 헐렁한 옷은 뚱뚱함을 더 드러내 보이기 때문에 짙은 색상의 심플한 디자인의 재킷으로 몸을 자연스럽게 감싼다. 광택이 있거나 니트 등의 몸매가 잘 드러나는 소재는 좋지 않다.

목이 굵고 짧은 체형

목이 굵고 짧으면 둔해 보이기 쉽기 때문에 오히려 칼라가 없거나 V넥이 가슴선까지 내려오는 블라우스가 좋다. 목을 가리기 위해 하이넥 칼라의 옷을 입거나 또는 목에 리본을 달거나 목에 달라붙는 목걸이를 하는 것은 피한다.

목이 가늘고 긴 체형

긴 목을 가지고 태어난 것은 축복이지만, 너무 마르고 목이 긴 여성은 불쌍해 보이기도 한다. 이런 체형은 스카프를 사용하거나 하이넥 칼라로 목을 커버해 준다. 터들넥이나 목이 있는 니트도 좋다.

허리가 길고 다리가 짧은 체형

허리가 길면 상대적으로 다리가 짧아 보인다. 이런 체형은 벨트를 이용하여 허리선을 분할해 주거나, 허리선이 들어가지 않은 하이 웨이스트 원피스로 허리선을 부각시키지 않는다. 짧은 재킷과 몸에 밀착되는 바지는 바람직하지 않다. 바지는 길게 입고, 높은 구두를 착용한다.

허벅지나 종아리가 굵은 체형

허벅지가 굵은 체형은 스커트로 가려 줄 수 있지만, 아랫단이 살짝 퍼지는 판탈롱 팬츠가 오히려 날씬해 보이기도 한다. 어두운 단색의 바지나 통바지도 좋다. 종아리가 굵은 체형은 치마보다는 바지가 좋지만, 스커트 단에 약간의 프릴이 달려 있으면 커버가 되기도 한다. 짧은 스커트에 앵글 부츠를 신으면 종아리가 더욱 부각되어 보인다.

청각장애인을 위한
수화 동영상 코너

신체를 두고 남과 비교하면서 괴로워하는 것은 어리석은 일이다. 키가 크거나 작은 것, 다리가 길거나 짧은 것, 뚱뚱한 것, 신체적인 장애를 가지고 있는 것 등은 현대 의학으로 변화시키기에는 너무나 많은 고통이 따르고 불가능할 수 있다. 따라서 부모님을 원망하거나 자기비하를 하기보다는 자신이 노력해서 얻을 수 있는 것이 무엇인지 찾아보자. 관심을 갖고 접근한 만큼 노력의 대가는 분명히 따르기 때문이다. 특히 남성의 슈트에 비하여 여성의 정장 스타일은 그야말로 무궁무진하기 때문에, 신체적인 장애를 가지고 있다고 하더라도 체형을 고려하고 착시 현상을 이용하여 맞는 옷을 선택하면 세련된 인상을 줄 수 있다.

키가 커 보이고 싶다면 수직선을 활용하는 것이 좋다. 장애로 인해 마르는 체형이라면 수평선이 강한 디자인을 선택한다. 상하의의 색상이 다른 것도 좋고, 밝은 색을 선택한다. 키가 작은 여성은 우아함보다는 아기자기한 귀여움으로 코디한다. 원피스로 세로감을 높이고, 리본이나 장식으로 상의에 시선을 모은다. 투피스를 입을 경우에는 상의가 짧은 것이 좋다. 통이 넓은 바지나 상의 길이가 긴 재킷은 피한다. 뚱뚱함을 가리기 위한 헐렁한 옷은 뚱뚱함을 더 드러내 보이기 때문에 짙은 색상의 심플한 디자인의 재킷으로 몸을 자연스럽게 감싼다. 광택이 있거나 니트 등의 몸매가 잘 드러나는 소재는 좋지 않다. 허리가 길면 상대적으로 다리가 짧아 보인다. 이런 체형은 벨트를 이용하여 허리선을 분할해 주거나, 허리선이 들어가지 않은 하이 웨이스트 원피스로 허리선을 부각시키지 않는다. 짧은 재킷과 몸에 밀착되는 바지는 바람직하지 않다. 바지는 길게 입고, 높은 구두를 착용한다. 허벅지가 굵은 체형은 스커트로 가려 줄 수 있지만, 아랫단이 살짝 퍼지는 판탈롱 팬츠가 오히려 날씬해 보이기도 한다. 어두운 단색의 바지나 통바지도 좋다.

QR 코드를 찍으면 〈수화 동영상〉 설명을 보실 수 있습니다.

30
휠체어를 사용하는 경우의 정장

통합교육을 통해 비장애 학생과 장애 학생이 함께 공부하는 기회가 많아지고 있고, 우리 사회가 복지사회를 추구하면서 장애인에 대한 시각도 많이 바뀌고 있다. 장애인도 자신을 아름답게 꾸미고자 하는 욕구는 비장애인과 다를 바 없다. 하지만 휠체어는 비장애인과 구별되는 매우 강력한 도구이기 때문에, 특히 비장애인과 함께하는 면접에서는 자신감이 떨어지기 마련이다. 하지만 언제까지 장애를 외면하고 살아갈 수는 없다. 우리가 가진 능력을 사회에서 펼쳐 보이기 위해서는 면접이라는 관문을 통과해야만 하는데, 열등감을 극복하고 외모관리를 차별화하여 장애가 긍정적으로 인식될 수 있도록 노력하자.

휠체어를 사용할 경우

휠체어에 오래 앉아 있다 보면 자세가 틀어지고 허리도 굽는 경우가 많다. 정장을 입었을 때는 당당한 자세가 어울린다. 따라서 가능하면 허리를 곧게 펴고 밝은 미소로 면접에 임하는 것이 자신감과 긍정적인 사고방식을 나타내 줄 수 있어 좋다.

- 정장용 바지는 신축성이 좋지 않기 때문에 오래 앉아 있으면 바지가 엉덩이에 끼이거나 불편할 수 있다. 따라서 신체 치수보다 조금 큰 바지나 밑위가 긴 바지를 선택하여 불편함을 해소한다. 여성의 경우는 지퍼가 옆에 달려 있는 바지가 앉아 있을 때 맵시가 좋을 것이고, 또 아랫단도 약간 벌어진 디자인의 바지가 주름이 생기는 것을 방지할 수 있다.
- 마나 견 소재가 들어간 원단은 구김이 많아 관리하기가 어렵다. 따라서 주의를 기울여 선택한다.
- 바지의 길이는 발목이 보이지 않도록 한다. 서 있을 때와 마찬가지로 앉아 있을 때도 신발의 발등을 살짝 덮는 정도로 바지 길이를 조정한다. 또한 양말은 보이지 않도록 한다.
- 움직임이 주로 상체로 이루어지다 보면 재킷의 단추가 벌어지기 쉽다. 따라서 몸에 너무 끼는 옷은 주의가 필요하다. 가슴 쪽의 단추가 벌어지지 않도록 수시로 점검한다. 재킷의 단추가 세 개일 경우, 위의 두 개는 잠그고 아래 한 개는 열어 놓아도 좋다.

뒤 중심에 지퍼를 단 경우

뒤 중심에 벨크로를 단 경우

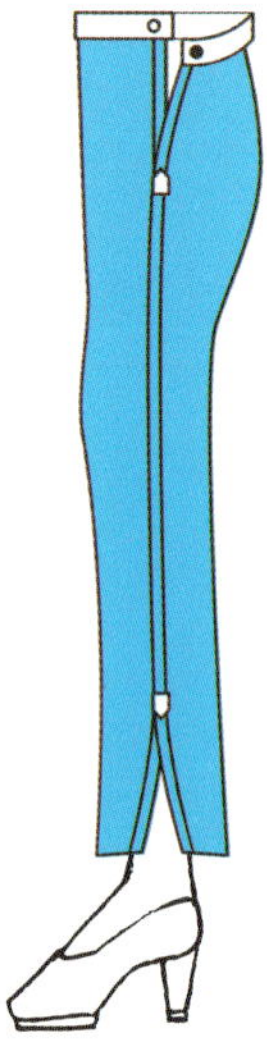

휠체어 사용자의 바지 여밈

- 재킷의 길이가 어중간하면 관리하기가 쉽지 않다. 휠체어에 앉았을 경우 재킷의 앞가슴이 들뜨면 그림 (a)와 같이 허리 주변이 늘어지거나 주름이 생기는 등 피팅감이 나빠진다. 상의에 구김이 생기지 않도록 그림 (b)와 같이 뒷면에 비하여 앞면이 약간 짧은 디자인으로 한다. 그림 (c)와 같이 뒷부분을 엉덩이로 살짝 깔고 앉아 깔끔하게 정리하도록 한다. 옆트임이 있는 디자인을 선택하면 옆면에 여유가 있어 자연스럽게 주름이 정리될 수 있다.

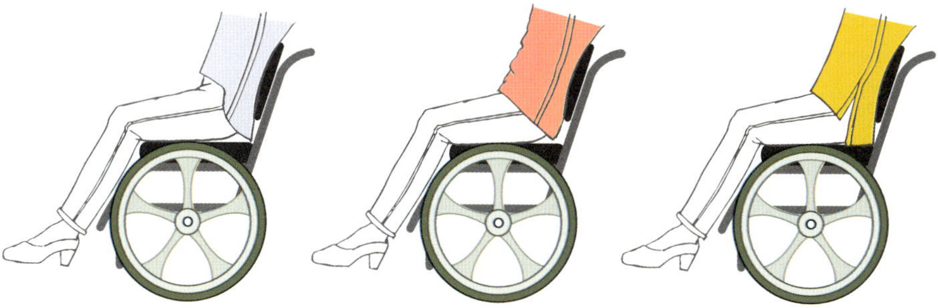

(a) (b) (c)

- 지체장애인 중에는 체온 조절 기능에 어려움이 있어 더위와 추위를 느끼기가 어렵다. 특히 여름에는 체열을 발산하기가 어려워 얼굴이 벌겋게 달아올라 있기도 한다. 그러므로 욕창을 방지하기 위해서는 통기성이 좋은 소재로 된 정장을 고르는 것이 좋다.
- 클러치를 사용하는 경우에는 활동성을 높이기 위해 뒤

중심선에 지퍼나 트임을 만들어 주는 것이 도움이 될 수 있다.

청각장애인을 위한 수화 동영상 코너

통합교육을 통해 비장애 학생과 장애 학생이 함께 공부하는 기회가 많아지고, 우리 사회가 복지사회를 추구하면서 장애인에 대한 시각도 많이 바뀌고 있다. 장애인도 자신을 아름답게 꾸미고자 하는 욕구는 비장애인과 다를 바 없다. 하지만 휠체어는 비장애인과 구별되는 매우 강력한 도구이기 때문에, 특히 비장애인과 함께하는 면접에서는 자신감이 떨어지기 마련이다. 하지만 언제까지 장애를 외면하고 살아갈 수는 없다. 우리가 가진 능력을 사회에서 펼쳐 보이기 위해서는 면접이라는 관문을 통과해야만 하는데, 열등감을 극복하고 외모 관리를 차별화하여 장애가 긍정적으로 인식될 수 있도록 노력하자.

휠체어에 오래 앉아 있다 보면 자세도 틀어지고 허리도 굽는 경우가 많다. 정장을 입었을 때는 당당한 자세가 어울린다. 따라서 가능하면 허리를 곧게 펴고 밝은 미소로 면접에 임하는 것이 자신감과 긍정적인 사고방식을 나타내 줄 수 있어 좋다.

- 정장용 바지는 신축성이 좋지 않기 때문에 오래 앉아 있으면 바지가 엉덩이에 끼이거나 불편할 수 있다. 따라서 신체 치수보다 조금 큰 바지나 밑위가 긴 바지를 선택하여 불편함을 해소한다.
- 바지가 꼭 끼면 구김이 많이 생긴다. 마나 견 소재가 들어간 원단은 피하는 편이 좋다.
- 바지의 길이가 발목 위로 올라가는 경우가 있다. 휠체어를 사용할 경우에는 신발의 발등을 살짝 덮는 정도로 바지 길이를 조정한다. 또한 양말은

보이지 않도록 한다.

- 움직임이 주로 상체로 이루어지다 보면 재킷의 단추가 벌어지기도 한다. 따라서 몸에 너무 끼는 옷은 주의가 많이 필요하기 때문에 피하고, 여밈이 벌어지지 않도록 수시로 점검한다. 재킷의 단추가 세 개일 경우, 위의 두 개는 잠그고 아래 한 개는 열어 놓아도 좋다.

QR 코드를 찍으면 〈수화 동영상〉 설명을 보실 수 있습니다.

31
보조 장치를 사용하는 경우의 정장

목발이나 부목 등 보조 장치를 사용하는 경우에는 옷이 구겨져서 상의 한쪽이 올라가거나 흘러내리는 등으로 의도와 상관없이 외모가 단정해 보이지 않을 수 있다. 그러므로 보조 장치를 고려하여 정장 디자인을 잘 선택하는 것도 요령이다. 목발을 장시간 사용한 경우 상체의 근육이 발달되어 하체에 비하여 상체가 비대해 보이기 쉽다. 이런 경우에는 재킷을 어두운 색상으로 하고, 목발로 인하여 구겨짐이 적은 신축성 있는 원단으로 선택한다. 또한 목발의 움직임으로 소매가 따라 올라가므로 소매의 길이가 다소 길고 또 재킷의 길이도 길게 디자인된 제품을 선택한다. 드레스 셔츠나 블라우스가 하의 밖으로 빠져나오는 것을 방지하기 위해 하의 밑단에 단추를 달아 바지나 스커트 안에 고정시키는 것도 좋은 방법이다.

한쪽 어깨가 올라간 여성의 경우, 그림 (a)와 같은 가로선이 프린트된 디자인을 선택하면 기울어진 어깨가 더욱 부각되어

(a)

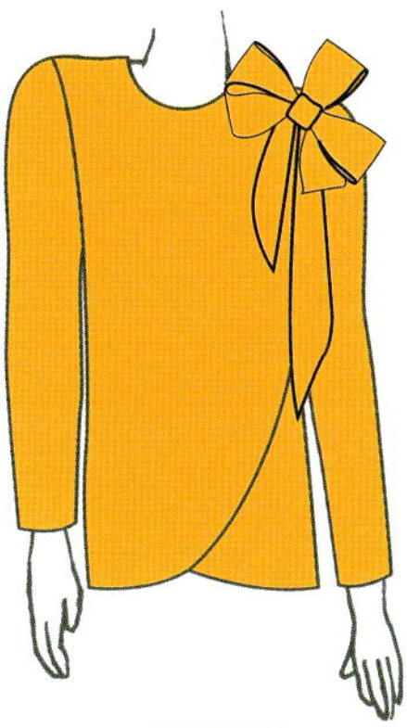
(b)

좋지 않다. 따라서 그림 (b)와 같이 내려간 어깨 쪽에 리본이 달린 블라우스를 입어 주거나 스카프로 리본을 만들어 주어 기울어진 쪽을 보완하는 것도 아이디어가 될 수 있다.

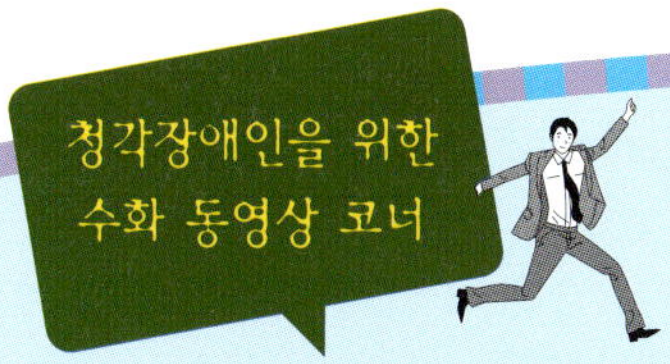

목발이나 부목 등 보조 장치를 사용하는 경우에는 옷이 구겨져서 상의 한쪽이 올라가거나 흘러내리는 등으로 의도와 상관없이 외모가 단정해 보이지 않을 수 있다. 그러므로 보조 장치를 고려하여 정장 디자인을 잘 선택하는 것도 요령이다. 목발을 장시간 사용한 경우 상체의 근육이 발달되어 하체에 비하여 상체가 비대해 보이기 쉽다. 이런 경우에는 재킷을 어두운 색상으로 하고, 목발로 인하여 구겨짐이 적은 신축성 있는 원단을 선택한다. 또한 목발의 움직임으로 소매가 따라 올라가므로 소매의 길이가 다소 길고 또 재킷의 길이도 길게 디자인된 제품을 선택한다. 드레스 셔츠나 블라우스가 하의 밖으로 빠져

나오는 것을 방지하기 위해 하의 밑단에 단추를 달아 바지나 스커트 안에 고정시키는 것도 좋은 방법이다.

한쪽 어깨가 올라간 여성의 경우 가로선이 프린트된 디자인을 선택하면 기울어진 어깨가 더욱 부각되어 좋지 않다. 이런 경우에는 내려간 어깨 쪽에 리본이 달린 블라우스를 입어 주거나 스카프로 리본을 만들어 주어 기울어진 쪽을 보완하는 것도 아이디어가 될 수 있다.

QR 코드를 찍으면 〈수화 동영상〉 설명을 보실 수 있습니다.

Part 05

색채, 메이크업 및 헤어스타일 연출

32
얼굴형을 고려한 코디네이션

얼굴형을 고려하여 단점을 보완하고 장점을 부각시킬 수 있도록 면접용 헤어스타일 방법과 메이크업 요령을 알아보자. TV에서 연예인들이 비슷비슷한 얼굴로 공공연히 성형 이야기를 하면서 일반인을 자극하고 있다. 그러나 그 목적상 불의의 사고로 화상을 입거나 흉터가 생긴 사람들의 상처를 없애 주기 위해 성형이 필요하고, 턱 기능에 이상이 있는 환자들을 위해 양악수술이 필요한 것이다. 하지만 최근에는 미용을 위한 성형수술이 유행하고 있다. 성형을 통해 예뻐진 사람들도 있지만, 엄청난 부작용에 대해서는 외면하고 있는 것 같다. 성형 수술 중 생명을 잃은 사람들도 있다. 코가 삐뚤어지거나 눈이 감기지 않는 등 불법 시술로 문제가 생긴 사람들도 있다. 이 경우 재수술이 불가능한 상황이 되기도 한다. 따라서 성형보다는 메이크업 등의 안전한 방법으로 자신감 있는 모습을 찾자.

우선 헤어스타일을 어떻게 하느냐에 따라, 특히 여자의 이미지는 많이 달라진다. 파마 머리, 커트 머리, 긴 생머리, 염색머리 등, 헤어스타일은 다양하고 빠르게 변화가 가능하다. 늘 한 스타일만을 고집하지 말고, 자신의 얼굴 크기, 체형, 이미지 등을 고려하여 헤어스타일을 결정하는 것이 좋다. 헤어디자이너에게 맡기는 것도 좋지만, 잡지 등을 참고하여 자신에게 어울리는 머리를 찾아 미리 시도해 보자.

면접에서 과도한 색조 화장은 좋지 않다. 평소 화장을 하지 않던 사람이 면접 당일에만 화장을 할 경우 어색해 보일 수 있다. 화장을 자주 하다 보면 요령도 생기게 되므로 미리 자신의 얼굴에 맞는 메이크업을 시도해 보자. 얼굴형을 고려하여 시도하고 노력하면 분명히 단점이 커버되면서 예뻐진다.

● 둥근형 얼굴

한국 사람들에게 가장 많은 얼굴형으로, 동글동글하여 귀엽고 어려 보인다. 둥근형 얼굴의 소유자들은 갸름해 보이고 싶어 하는데, 그럴 때는 옆보다는 앞 가르마로 하고, 머리 윗부분에 볼륨을 주어 시선이 아래위로 흐르도록 한다. 머리를 길게 기르면 동그란 얼굴이 더 표시날 수 있기 때문에 턱 선이 보이도록 귀 뒤로 머리를 넘기거나 이마가 잘 보이도록 하는 것이 좋다. 부피감이 있는 웨이브 파마는 얼굴이 커 보인다.

얼굴이 둥근 것을 커버하고 싶다면 이마 양끝과 턱 위에 어두운 파운데이션이나 볼터치를 약하게 해서 효과를 볼 수 있다.

아이섀도는 어둡지 않은 색상으로, 다소 옆으로 길게 화장한다. 직사각형 형태의 안경이나 길게 늘어지는 귀걸이도 좋다.

긴 타원형 얼굴

계란형보다 상하로 조금 더 긴 얼굴형이다. 다른 얼굴형에 비하여 연출이 자유롭지만 성숙한 인상을 준다. 부피감 있는 웨이브는 얼굴을 동그랗게 보이게도 하므로 볼륨을 주는 것이 좋다. 앞가르마를 하면 얼굴이 더 길어 보이기 때문에 옆 가르마나 가르마를 하지 않도록 한다. 머리와의 경계선인 이마 끝에 섀도를 하여 긴 얼굴을 커버하며, 화사한 볼터치를 하여 눈, 코, 입, 볼 등 가운데로 시선이 모이도록 한다. 귀걸이는 길지 않으면서 귀에 붙는, 다소 둥글고 큰 모양이 좋다.

사각형 얼굴

턱선이 각지고 볼이 넓어 사각형을 연상시키는 강한 인상의 얼굴형이다. 개성적이기 때문에 검은색보다 연한 갈색으로 염색하는 것이 좋다. 헤어스타일은 턱선에 시선이 가지 않도록 가벼운 컬이 있는 긴 머리로 얼굴 윤곽을 부드럽게 감싸 준다. 검은 긴 생머리는 사각형을 돋보이게 하므로 하지 않는 편이 좋다. 앞머리는 내리지 말고 이마를 드러내어 시선을 위로 올리며, 전체적으로 둥근 느낌이 들도록 짧은 커트 머리도 좋다. 메이크업으로는 사각턱 끝에 섀도를 주어 다소 어둡게 한다.

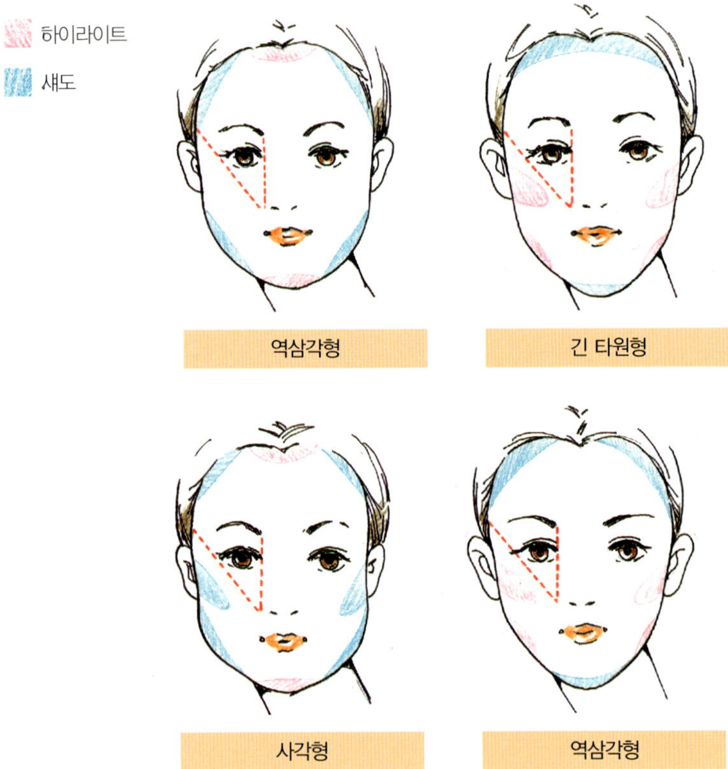

안경을 쓸 경우 사각형의 안경테는 절대 금물이다. 둥근형이나 양끝이 올라간 형태로 선택하고, 색상은 검은색, 은색보다는 갈색이나 가벼운 색이 좋다.

● 역삼각형 얼굴

이마가 넓고 턱이 뾰족한 세련된 얼굴형은 날카로워 보일 수 있다. 헤어스타일은 이마가 넓기 때문에 앞머리를 가볍게

내리고, 머리 윗부분에는 볼륨을 주지 않는다. 머리가 짧으면 턱선이 더 날카롭게 살아나기 때문에 긴 단발이나 귀밑으로 볼륨감을 준다. 눈썹과 눈 화장에 포인트를 주어 시선이 위로 올라오게 한다. 귀걸이는 귀에 달라붙기보다는 조금 찰랑거리는 원형이 좋다. 메이크업으로는 아이섀도와 입술의 색상을 부드럽게 하는 것이 좋다. 안경테는 굵지 않거나 무테, 가벼운 것이 좋다.

청각장애인을 위한
수화 동영상 코너

얼굴형을 고려하여 단점을 보완하고 장점을 부각시킬 수 있도록 면접용 헤어스타일 방법과 메이크업 요령을 알아보자. TV에서 연예인들이 비슷비슷한 얼굴로 공공연히 성형 이야기를 하면서 일반인들을 자극하고 있다. 그러나 그 목적상 불의의 사고로 화상을 입거나 흉터가 생긴 사람들의 상처를 없애기 위해 성형이 필요하고, 턱 기능에 이상이 있는 환자들을 위해 양악 수술이 필요한 것이다. 최근 미용을 위한 성형 수술이 유행하고 있다. 성형을 통해 예뻐진 사람들도 있지만, 엄청난 부작용에 대해서는 외면하고 있는 것 같다. 성형 수술 중 생명을 잃은 사람들도 있다. 코가 삐뚤어지거나 눈이 감기지 않는 등 불법 시술로 문제가 생긴 사람들도 있다. 이 경우 재수술이 불가능한 상황이 되기도 한다. 따라서 성형보다는 메이크업 등 안전한 방법으로 자신감 있는 모습을 찾자.

우선 헤어스타일을 어떻게 하느냐에 따라, 특히 여자의 이미지는 많이 달라진다. 파마 머리, 커트 머리, 긴 생머리, 염색 머리 등, 헤어스타일은 다양하고 빠르게 변화가 가능하다. 늘 한 스타일만 고집하지 말고, 자신의 얼굴 크기,

체형, 이미지 등을 고려하여 헤어스타일을 결정하는 것이 좋다. 헤어디자이너에게 맡기는 것도 좋지만, 잡지 등을 참고하여 자신에게 어울리는 머리를 찾아 미리 시도해 보자.

면접에서 과도한 색조 화장은 좋지 않다. 평소 화장을 하지 않던 사람이 면접 당일에만 화장을 하면 어색해 보일 수 있다. 화장을 자주 하다 보면 요령도 생기게 되므로 미리 자신의 얼굴에 맞는 메이크업을 시도해 보자. 얼굴형을 고려하여 시도하고 노력하면 분명히 단점이 커버되면서 예뻐진다.

QR 코드를 찍으면 〈수화 동영상〉 설명을 보실 수 있습니다.

33
색채를 이해하는 코디네이션

컬러테라피에서는 각각의 컬러는 에너지와 파장을 갖고 있어서 자신에게 맞는 색채의 옷을 입으면 스트레스를 줄여 주어 자신감이 향상되고 건강해질 수 있다고 한다. 그렇다면 나에게 잘 맞는 컬러는 무엇일까? 가장 쉬운 판별법은 옷을 입고 조명 아래에서 보는 것이다. 조명 아래에 약 2~3분 정도 가만히 서 있을 때 눈 밑에 다크서클이 생긴다거나 얼굴색이 어두워진다면 잘 맞는 색상이 아니다. 얼굴에 생기가 돌면서 밝아지는 컬러가 자신에게 맞는 것이다. 하지만 이 방법은 조명 상태나 환경에 따라 다르게 판단될 수 있다. 그러므로 색상이 가지는 힘과 일반인이 색상에서 느끼는 감정을 이해하면 좀 더 과학적이고 전략적으로 접근할 수 있다. 특히 디자인이나 광고 계통의 직종을 원하는 사람들이라면 더욱 그러하다.

색채의 온도감

색채는 크게 따뜻한 느낌을 주는 난색계와 차가운 느낌을 주는 한색계로 나눌 수 있다. 적색 계열인 난색계는 따뜻하면서도 자극적인 느낌을 주고, 한색 계열은 차가운 느낌이지만 조용하고 정적인 느낌을 준다. 적색 계열은 안락함과 따스함을 주지만 지루해 보이기도 한다. 반면 차가운 색상은 긴장감을 주며 세련되어 보이는 효과가 있다.

색채뿐만 아니라 소재에 따른 변화도 있다. 실크와 같이 광택이 있는 소재는 찬 느낌을 주고 울 계통은 따뜻한 느낌을 주는데, 이처럼 소재에 따라 온도감의 효과가 강하게 느껴진다.

색채의 무게감

명도는 색의 무게감에 가장 큰 영향을 준다. 고명도의 색상은 가벼움을 나타내고, 저명도의 색상은 무거운 느낌을 준다. 따라서 정장을 입었을 때 상의의 색상이 어둡고 하의의 색상이 밝으면 불안해 보이며, 또 키가 더욱 작아 보이기도 한다. 정해진 것은 아니지만 정장의 색은 어두운 색상이 무난하다. 하지만 누구나 어두운 색상을 입고 오기 때문에 오히려 밝은 색상이 시선을 받는 데 유리할 수 있다.

색채의 크기

채도는 색상의 맑고 탁함을 말한다. 회색이 많이 들어간 색상은 채도가 낮고 탁해 보인다. 밝은색은 채도가 높고 물체의 윤곽선을 흐리게 하는 팽창 효과를 가지고 있어 커 보이거나 넓어 보인다. 몸이 마른 사람들은 이러한 파스텔 컬러를 입었을 때 마른 몸을 커버할 수 있다. 밝은색 넥타이도 같은 효과를 줄 수 있다.

어두운 색상은 수축색으로, 채도가 낮을 경우에 더 작고 무겁게 보인다. 키가 크면서 살이 많아 거대해 보이는 경우에는 짙은 파랑이나 검정, 짙은 보라 등 어두운 색 계열을 착용하면 날씬해 보이기도 한다. 하지만 쉽게 잊힐 수 있다.

색채의 시인성

배색이 잘되었을 경우 멀리서 보더라도 명확히 보이는 경우가 있고 그렇지 않은 경우가 있다. 이런 현상을 색의 시인성이라고 한다. 양복의 색상이 어두울 경우 와이셔츠를 흰색으로 하고 넥타이 색상은 명도가 높은 색으로 하면 시인성이 높아져서 면접자의 이미지가 뚜렷하게 인식되기 쉽다. 뒤의 좌측 그림과 같이 검은색 정장에 흰 블라우스는 시인성이 높지만 잘못 입었을 경우 촌스러움으로 인식되기 쉽다.

색채의 주목성

색으로 인하여 주의를 끄는 정도를 유목성 또는 주목성이라고 한다. 일반적으로 적색, 주황색, 노란색 등 붉은색 계열이 주

여성복의 시인성과 주목성

목성이 높고, 녹색, 청색 등 한색 계열은 주목성이 낮다. 주목성은 명도 차이가 많거나 보색 관계에 있는 경우에 강하게 드러난다. 주목성은 주의를 집중시키기 때문에 자신과 잘 어울리는 주목성이 높은 색을 선택하면 돋보이게 된다. 자신의 피부색을 고려해 남들이 선호하는 색과는 조금 다르게 코디하여 존재감을 인식시키는 것도 좋은 방안이 된다.

색채의 경연감

색채의 경연감은 색채가 부드럽게 느껴지기도 하고 딱딱하게 느껴지기도 하는 것을 말한다. 같은 색이라도 플라스틱과 같이 투명도가 있으며, 저명도, 고명도의 색은 딱딱하게 느껴지고, 난색계이면서 흰색이 많이 섞인 파스텔 컬러 계열은 부드럽게 보인다.

순색 계열로 채도가 높은 한색 계열은 딱딱함이 느껴진다. 따라서 잘 웃지 않아 자신의 이미지가 딱딱하다고 생각되는 사람은 부드럽게 느껴지는 난색계의 파스텔 컬러를 착용하고, 인상이 너무 순해 보이는 사람은 채도가 높은 어두운 의상을 착용하면 이미지 개선에 도움이 된다. 반면에 금융계의 면접을 보는 경우라면 깨끗하고 차갑지만 신뢰를 줄 수 있는 푸른색이 효과가 높다.

경연감 배색

청각장애인을 위한
수화 동영상 코너

컬러테라피에 따르면, 각각의 컬러는 에너지와 파장을 갖고 있어서 자신에게 맞는 색채의 옷을 입으면 스트레스를 줄여 주어 자신감이 향상되고 건강해질 수 있다. 그렇다면 나에게 잘 맞는 컬러는 무엇일까? 가장 쉬운 판별법은 옷을 입고 조명 아래에서 보는 것이다. 조명 아래에 약 2~3분 정도 가만히 서 있을 때 눈 밑에 다크서클이 생긴다거나 얼굴색이 어두워진다면 잘 맞는 색상이 아니다. 얼굴에 생기가 돌면서 밝아지는 컬러가 자신에게 맞는 것이다. 하지만 이 방법은 조명 상태나 환경에 따라 다르게 판단될 수 있다. 그러므로 색상이 가지는 힘과 일반인이 색상에서 느끼는 감정을 이해하면 좀 더 과학적이고 전략적으로 접근할 수 있다. 특히 디자인이나 광고 계통의 직종을 원하는 사람들이라면 더욱 그러하다.

색채는 온도감, 무게감, 크기, 시인성, 주목성, 경연감 등 다양한 색상만큼이나 효과가 다르게 나타난다.

QR 코드를 찍으면 〈수화 동영상〉 설명을 보실 수 있습니다.

34
면접 의상 색상을 통한 감성 효과 전달

면접 의상을 통하여 자신의 감성을 효과적으로 전달하기 위해서는 색채에 대해 보다 깊이 연구하고 색상의 의미에 대하여 고민해야 한다. 다소 전문적인 내용이기는 하지만, 이번 기회에 색의 속성을 이해하고 색이 상대방의 감정에 어떻게 전달되는지 알아보는 것이 좋다. 대표적인 색상이 정장에 어떠한 영향을 주는지 자세히 알아보자.

선호색

선호색은 개인, 연령, 문화적 영향, 계절 등의 차이가 있으나, 일반적으로 연령과 성별, 소속 회사의 분위기에 따라 공통된 특성을 보이기도 한다. 회사의 로고 마크 색상은 자주 노출되기 때문에 익숙해져서 선호색이 되기 쉽다. 남성의 경우 면접에서 지원 회사의 로고 색상과 비슷한 계열의 넥타이를 착용하면 면접 시 유리한 색채 접근이 될 수 있다.

정장 색채의 선택

색은 색상과 명도, 채도에 따라 많은 변화가 가능하다. 정장을 선택하는 데도 색의 특성을 이해하고 선택하면 훨씬 과학적인 선택이 가능하다. 명도와 채도가 높고 붉은 계통의 난색 계열은 확장성을 가지고 있어서 뚱뚱한 사람이 입으면 더욱 뚱뚱해 보인다. 그래서 이 경우 명도와 채도가 낮고 푸른 계통 색상의 옷을 입는다면 다소 마른 것처럼 보일 수 있다. 하지만 같은 파랑이라고 하더라도 선명한 파랑, 엷은 파랑, 어두운 파랑 등 명도와 채도에 따라 색감이 매우 다양해지며, 더욱이 원단의 종류에 따라서도 또 다른 변화가 가능하다. 따라서 파란색은 나에게 어울리지만 빨간 계통은 안 어울린다는 식의 선입견을 버리고, 다양한 색상의 옷을 입어 보면서 자신에게 어울리는 색을 찾는 것이 중요하다.

- 빨간색: 정열과 온기, 재능과 에너지를 상징하며, 지배의 색이기도 하다. 빨간색은 강한 메시지를 전달하기 때문에 공격적이거나 위협적으로 받아들일 수 있다. 따라서 빨간색 정장을 선택할 때는 자기 확신과 자신감이 필요하다.
- 분홍색: 여성성을 강조한 색상으로, 낭만적이며 젊음의 활력을 표현하기도 한다. 최근 남성의 의상이 화려해지면서 분홍색 드레스 셔츠가 많이 등장하였는데, 이는 면접 색상으로는 적당하지 않다. 여성성을 많이 느낄 수 있기 때

문에 피하는 것이 좋고, 분홍색 넥타이는 부드럽지만 나약한 인상을 줄 수 있으므로 주의해야 한다. 여성의 분홍색 정장은 붉은색과 마찬가지로 강한 인상을 남기게 되므로 신중하게 선택한다.

- 갈색: 자연의 색으로, 풍성함과 전통성, 뿌리를 상징하는 안정된 색상이다. 갈색은 친근함과 겸손함을 가지고 있어 위협적인 색상이 아니다. 클래식한 정장에 잘 어울리는 색상이지만, 동양인의 경우에는 착용 시 돋보이기 어려운 색상이다. 하지만 잘 입으면 멋지게 돋보일 수 있다. 침착하고 정숙한 분위기를 가지고 있기 때문에 학교 교사나 예술가에게 잘 어울리는 색상이다.
- 노란색: 따뜻한 분위기와 함께 희망을 주는 색이다. 젊고 생기 넘치며, 황금색과 함께 부를 암시하기도 한다. 하지만 노란색 면적이 넓거나 강할 때는 초조하거나 근심과 걱정이 많은 사람으로 느껴지기도 하여 면접 복장 색으로는 부담스러운 색상이다. 특히 남성의 경우 노란색이 약간 들어간 넥타이는 활기 있어 보이기는 하지만, 많이 사용하면 가벼워 보이기 때문에 신중하게 선택한다. 남성에게는 넥타이 이외에는 사용할 곳이 거의 없다.
- 초록색: 생명력과 자연의 생명감을 전달해 줄 수 있는 색상이다. 많은 사람이 좋아하는 색상이지만 동양인의 정장에는 쉽지 않다. 안전을 추구하는 색상이기 때문에 인간미가

결여된 차가운 인상을 줄 수 있다. 하지만 짙은 카키 색상은 지적이며 세련된 코디가 가능하여 면접자를 더욱 빛내줄 수도 있다. 초록색이 일부 들어간 남성용 넥타이는 신뢰감을 주기도 하지만, 얼굴이 검게 보일 수 있기 때문에 흰 피부를 가진 사람들에게 어울린다.

- 파란색: 푸른 하늘을 연상시키는 파란색은 깨끗하고 상쾌한 창의적인 분위기를 연출할 수 있다. 짙은 파랑인 곤색은 정장의 색상으로 가장 많이 이용된다. 깊은 바다와 우주를 의미하기도 한다. 신뢰감과 진지함을 주며, 흰색 드레스 셔츠와 코디되었을 경우 전통과 규범을 준수하는 면접 복장으로 적합한 대표적인 색상이다. 여자와 남자 모두에게 어울리는 색상이다.
- 보라색: 동서양을 막론하고 고대부터 현대까지 고귀함을 상징하는 색상으로 평가되고 있다. 꿈과 영혼을 의미하기도 한다. 코디를 잘하면 매우 고급스럽지만 색상을 잘못 선택하면 병약해 보이거나 천박한 느낌을 줄 수도 있다. 넥타이 색상으로는 동양인의 피부색과 그다지 맞지 않는다. 남녀 모두 넓은 면적의 보라색 사용은 절대 금물이다.
- 흰색: 순결, 순수, 청결함 등을 나타낸다. 여성이 흰옷을 착용했을 때는 청순함과 세련됨을 함께 연출할 수 있다. 같은 무채색이지만 검은색 정장에 비하여 눈에 띄는 색상으로 세련미를 연출하기에 적합하다. 동양인에게는 순백색

보다는 아이보리색이 더 잘 어울리는 경향이 있다. 일부 멋쟁이들이 흰색 넥타이를 사용하기도 하는데, 이는 매우 독특해 보이므로 면접에서는 바람직하지 않다.

- 회색: 우울하고 침울해 보이기도 하지만 침착하면서도 차분하며 지적인 이미지를 전달하기도 한다. 회색은 어떠한 색상과 코디를 해도 멋지게 중화시키는 효과가 있다. 세련미와 도회적인 효율성을 강조하기 때문에 정장에 효과적이다. 짙은 회색은 검은색과 마찬가지로 무게감을 주고, 밝은 회색은 온화함을 준다. 영업직에 종사하는 사람에게는 친근함과 안정감, 신뢰감을 줄 수 있는 색상이다. 어떠한 색상의 넥타이와도 어울리는데, 특히 짙은 와인색 계열의 넥타이가 좋다. 여성의 경우 회색 정장에 붉은색 스카프는 세련된 분위기를 연출할 수 있지만, 잘못 코디하면 나이가 들어 보이기도 한다. 검은색과의 코디는 세련된 도시 이미지를 주기에 적당하다.
- 검은색: 물체에 투사되는 빛이 100% 흡수되었을 때 나타나는 색이다. 권위적이지만 섹시한 매력을 내포하며, 점잖은 분위기이지만 우아함이 느껴지는 색상이다. 검은색은 도시적인 세련미와 품위를 상징한다. 결혼식에서 신랑의 예복이나 상복으로 사용되는 검은색은 상징성이 높다.

색상	남자	여자
빨간색	• 격식을 갖추고, 강한 인상을 주는 넥타이 색상으로 좋음	• 짙은 와인색이 바람직함 • 너무 강렬한 원색은 좋지 않음
분홍색	• 분홍색 드레스 셔츠와 넥타이는 여성성 강조	• 분홍색은 부드러운 이미지를 줌 • 액세서리에는 좋으나 주의가 필요함
갈색	• 짙은 갈색 정장은 인상이 부드러워 보임	• 진한 갈색 추천 • 밝은색 악센트 필요 • 구두, 가방에 적당함
노란색	• 일부를 사용한 넥타이 이외에는 부적절함	• 초조하거나 가벼워 보이므로 자제 필요
초록색	• 넥타이에 일부 사용	• 정장으로는 어려운 색상임
파란색	• 슈트, 재킷으로 적당함 • 강한 인상을 남기기 위해서는 줄무늬도 좋음 • 가장 무난한 넥타이 색상임	• 재킷, 스커트에 적당함 • 스카프 사용도 무난함 • 검은색 구두와 코디 • 은색 목걸이, 귀걸이 세팅 추천
보라색	• 넥타이 색상으로 신중히 선택	• 스카프 등 액세서리에만 사용
흰색	• 거의 사용하지 않음	• 세련된 여성성 주장 • 청순함 강조
회색	• 무게감을 느끼는 세련된 정장으로 적당함 • 다양한 색상의 넥타이와 조화 가능	• 차분함을 강조함 • 도회적인 효율성 • 일반적인 색
검은색	• 면접용의 슈트 색상으로 무난함 • 구두, 벨트, 지갑 색상으로 사용	• 슈트, 스커트, 재킷에 적당함 • 사계절 내내 입을 수 있음 • 구두, 벨트, 핸드백 등에 어울림

면접 의상 색상의 배색 효과

색채는 일반적으로 무채색과 유채색으로 나뉜다. 무채색은 흰색, 검정, 회색으로 색기(色氣)가 없는 것을 말하고, 유채색은 무채색을 제외한 모든 색을 말한다. 유채색은 약 750만 종이나 되지만 실제로 눈으로 식별할 수 있는 색상은 300여 종에 불과하다. 하지만 같은 색이라도 배색에 따라 색의 이미지가 달라지기도 한다. 두 가지 이상의 색상이 인접해 있을 때 색상의 조화로 인하여 이미지가 높아지는 현상은 의상의 색채가 잘 조화되었을 때 세련된 느낌과 함께 긍정적으로 작용한다.

- **톤 온 톤(tone on tone) 배색:** 톤 온 톤 배색은 톤을 겹치게 한다는 의미로, 동일한 색상으로 두 가지 톤의 명도 차이를 준 배색이다. 다색 배색에 의한 톤 온 톤 배색은 명도 그라데이션 배색이 된다. 뒤의 그림에서와 같이 푸른색 드레스 셔츠에 짙은 파란색 넥타이는 같은 톤에서 명도 차이가 다르므로 톤 온 톤 배색이 된다.
- **톤 인 톤(tone in tone) 배색:** 톤 인 톤 배색은 동일 색상을 원칙으로 하되, 인접 또는 유사 색상의 범위 안에서 선택된다. 톤 온 톤 배색이 지루한 느낌이 든다면, 톤 인 톤 배색은 자연스러우면서도 세련된 코디네이션이 가능하다. 분홍색 드레스 셔츠에 인접한 색상인 갈색의 넥타이는 톤 인 톤 배색이 된다.
- **토널(tonal) 배색:** 토널 배색은 기본으로 하는 톤으로 중명도, 중채도인 중간 계열의 탁한(dull) 톤을 사용한 배색 기

톤 온 톤 배색과 톤 인 톤 배색

토널 배색과 카마이유 배색

법이다. 채도가 낮은 색을 기준으로 하기 때문에 얼굴이 검은 사람에게는 잘 맞지 않는 배색이다. 다음 그림과 같이 토널 배색은 매우 세련된 이미지를 가지고 있으나 면접 복장으로는 어울리기 힘들다.

- 카마이유(Camaieu) 배색: 카마이유 배색은 거의 동일한 색에 가까운 색을 사용한다. 언뜻 보면 같은 색으로 보일 정도로 뚜렷한 차이를 보이지 않는 배색이다. 같은 색상으로 소재만 다른 원단으로 코디하는 경우가 많다. 세련되어 보이는 배색 방법이나 격식을 갖추어야 하는 면접에서

는 사용하기에 다소 어색할 수 있다.

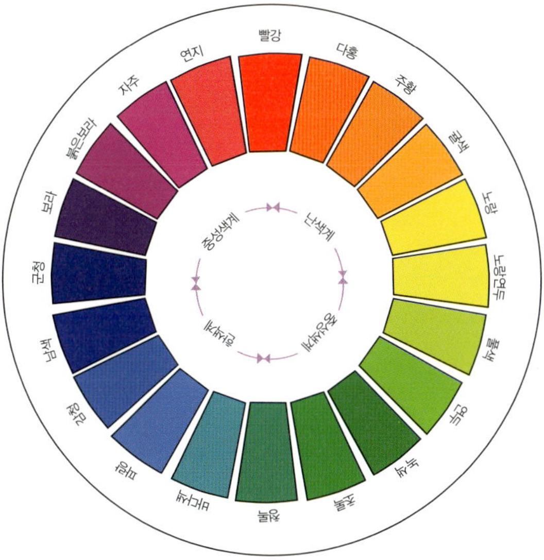

색상환

청각장애인을 위한
수화 동영상 코너

면접 의상을 통하여 자신의 감성을 효과적으로 전달하기 위해서는 색채에 대해 보다 깊이 연구하고 색상의 의미에 대하여 고민해야 한다. 다소 전문적인 내용이기는 하지만 대표적인 색상이 정장에 어떠한 영향을 주는지 자세히 알아보자.

- 선호색: 선호색은 개인, 연령, 문화적 영향, 계절 등의 차이가 있으나, 일반적으로 연령과 성별, 소속 회사의 분위기에 따라 공통된 특성을 보이기도 한다. 회사의 로고 마크 색상은 자주 노출되기 때문에 익숙해져서 선

호색이 되기 쉽다. 남성의 경우 면접에서 지원 회사의 로고 색상과 비슷한 계열의 넥타이를 착용하면 면접 시 유리한 색채 접근이 될 수 있다.

- **정장 색채의 선택:** 색은 색상과 명도, 채도에 따라 많은 변화가 가능하다. 정장을 선택하는 데도 색의 특성을 이해하고 선택하면 훨씬 과학적인 선택이 가능하다. 명도와 채도가 높고 붉은 계통의 난색 계열은 확장성을 가지고 있어서 뚱뚱한 사람이 입으면 더욱 뚱뚱해 보인다. 그래서 이 경우 명도와 채도가 낮고 푸른 계통 색상의 옷을 입는다면 다소 마른 것처럼 보일 수 있다. 하지만 같은 파랑이라고 하더라도 선명한 파랑, 엷은 파랑, 어두운 파랑 등 명도와 채도에 따라 색감이 매우 다양해지며, 원단의 종류에 따라서도 또 다른 변화가 가능하다. 따라서 파란색은 나에게 어울리지만 빨간 계통은 안 어울린다는 식의 선입견을 버리고, 다양한 색상의 옷을 입어 보면서 자신에게 어울리는 색을 찾는 것이 중요하다.
- **면접 의상 색상의 배색 효과:** 색채는 일반적으로 무채색과 유채색으로 나뉜다. 무채색은 흰색, 검정, 회색으로 색기(色氣)가 없는 것을 말하고, 유채색은 무채색을 제외한 모든 색을 말한다. 하지만 같은 색이라도 배색에 따라 색의 이미지가 달라지기도 한다. 두 가지 이상의 색상이 인접해 있을 때 색상의 조화로 인하여 이미지가 높아지는 현상은 의상의 색채가 잘 조화되었을 때 세련된 느낌과 함께 긍정적으로 작용한다.

QR 코드를 찍으면 〈수화 동영상〉 설명을 보실 수 있습니다.

35
남성의 메이크업

출처: TNGT

오래전부터 메이크업에 대한 관심은 여성들만의 것으로 치부되어 왔다. 그러나 현대에 이르러서는 그러한 고정관념에 변화가 시작되었다. 남성들도 여성들처럼 외모에 신경을 쓰기 시작하면서 메이크업이나 성형이 중요한 자신의 외적 표현 수단 가운데 하나가 되기도 한다. 특히 남성의 취업이 점차 심각해지는 상황에서 좀 더 호감 있는 외모를 위한 노력 중의 하나로 메이크업을 하는 경우가 늘어나고 있다.

대학생 중에도 일명 남성용 BB 크림을 바르고 다니는 학생들이 늘어나기 시작하였고, 자외선 차단제 등으로 피부를 보호

한다든지, 외모를 위해서 담배를 피우지 않거나 술을 적당히 마시려는 모습이 보이기도 한다. 나는 이러한 현상을 남성이 여성화되어 가는 것으로 생각하지 않는다. 자신의 외모를 가꾸려는 마음은 여자나 남자 모두 마찬가지가 아닐까?

하지만 여자, 남자 누구나 메이크업을 처음으로 시작하게 되면 본인도 어색하지만 보는 사람들도 쑥스럽다. 특히 남성의 경우 피부 톤 정리를 위해 바르는 남성용 색조 화장품(BB 크림, 파운데이션)을 지나치게 바르면 얼굴이 하얗게 되어 정말 이상해진다. 최근에는 내추럴한 메이크업이 대세인 만큼 화장을 한 듯 안 한 듯한 자연스러운 피부가 중요하다. 남성의 메이크업 역시 메이크업을 한 티가 너무 나지 않도록 아주 자연스럽게 하자. 남성의 메이크업 중에 가장 큰 효과를 발휘하는 것은 눈썹 정리다. 남자들의 눈썹은 두껍거나 넓게 퍼져 나는 경우가 많다. 눈썹이 짙은 사람들은 강한 인상을 주기도 하고, 눈썹이 거의 없는 사람들은 흐릿한 인상으로 주목을 받지 못하기도 한다. 특히 눈썹이 넓게 퍼져 있는 경우 미간 사이의 눈썹을 뽑아 주거나 눈두덩이 위에 듬성듬성 나 있는 눈썹을 정리해 주는 것만으로도 인상이 훨씬 또렷해지며, 피부도 깨끗해 보인다.

면접에서 남성 메이크업은 특히 더 신중을 기해야 한다. 40~50대가 주를 이루는 면접관들에게 남성 메이크업을 통한 어색한 인상은 아주 부정적인 영향을 미치게 된다. 지나친 남성 메이크업은 안 하느니만 못한 결과를 초래하므로, 면접 시

메이크업을 할 예정이라면 평상시에도 자주 해서 익숙해지는 것이 좋다.

청각장애인을 위한 수화 동영상 코너

오래전부터 메이크업에 대한 관심은 여성들만의 것이었다. 그러나 현대에 이르러서는 남성들도 여성들처럼 외모에 신경을 쓰기 시작하였다. 특히 남성의 취업이 점차 심각해지는 상황에서 좀 더 호감 있는 외모를 위한 노력 중 하나로 메이크업을 하는 경우가 늘어나고 있다. 하지만 여자, 남자 누구나 메이크업을 처음으로 시작하게 되면 본인도 어색하지만 보는 사람들도 쑥스럽다. 특히 남성의 경우 피부 톤 정리를 위해 바르는 남성용 색조 화장품(BB 크림, 파운데이션)을 지나치게 바르면 얼굴이 정말 이상해진다. 최근에는 내추럴한 메이크업이 대세인 만큼 화장을 한 듯 안 한 듯한 자연스러운 피부가 중요하다. 남성 메이크업 중에 가장 큰 효과를 발휘하는 것은 눈썹 정리다. 남자들의 눈썹은 두껍거나 넓게 퍼져 나는 경우가 많다. 눈썹이 넓게 퍼져 있는 경우 미간 사이의 눈썹을 뽑아 주거나 눈두덩이 위에 듬성듬성 나 있는 눈썹을 정리해 주는 것만으로도 인상이 훨씬 또렷해지며, 피부도 깨끗해 보인다.

면접에서 남성 메이크업은 특히 더 신중해야 한다. 40~50대가 주를 이루는 면접관들에게 남성 메이크업을 통한 어색한 인상은 아주 부정적인 영향을 미치게 된다. 면접 시 메이크업을 할 예정이라면 평상시에도 자주 해서 익숙해지는 것이 좋다.

QR 코드를 찍으면 〈수화 동영상〉 설명을 보실 수 있습니다.

36
여성의 메이크업

잘하면 화장, 못하면 분장이라는 말이 있듯이 메이크업은 얼굴의 결점을 감추고 장점을 살려 아름답게 보이도록 하는 작업이다. 메이크업은 미적 추구의 이유 이외에도, 외부의 먼지와 온도, 습도로부터 피부를 보호하고 자신을 아름답게 꾸밈으로써 당당히 사회생활을 하기 위해서 필요하다. 메이크업은 단시간에 익숙해지지 않기 때문에 평상시에도 관심을 갖고 인터넷이나 잡지에서 필요한 정보를 얻어 시도해 본다면 누구나 아름다워질 수 있다. 특히 장애인 여성 중 위축되어 화장을 잘 하지 않는 경향이 있으나, 누구나 화장을 잘하면 아름다워질 수 있으므로 화장에 신경을 쓰자.

멋진 캐리어 우먼이 되기 위해서는 메이크업을 잘하는 것도 중요하다. 메이크업의 순서에 대하여 알아보자.

첫째, 기초 메이크업 단계가 중요하다. 20대의 어린 피부이기 때문에 과도한 색조 메이크업에 치중하기보다는 스킨-에센스-로션-크림-자외선 차단제를 발라 피부를 촉촉하게 정리한다. 이때 번들거리지 않도록 주의한다. 기초를 잘 정리하는 것만으로도 화장의 50%는 완성되었다고 할 수 있다.

둘째, 울긋불긋한 피부나 피부색을 베이스로 보정해 준다. 베이스는 화장이 금방 지워지지 않도록 지속력을 높이는 역할도 하기 때문에 필요하다.

셋째, 파운데이션을 바른다. 면접에서 잡티나 미세한 모공을 정리하고 깔끔한 인상을 주는 데 있어 파운데이션은 중요한 역할을 한다. 피부 미인이라는 말이 있을 정도로 맑고 투명한 피부가 되도록 두껍게 바르지 않는다. 그리고 얼굴과 목의 색이 확연히 차이가 나지 않도록 목 부분도 자연스럽게 발라 준다.

넷째, 볼터치는 잘 못했을 때 무대 화장처럼 될 수 있다. 살짝 해 주어 생기와 입체감을 주는 것이 포인트인데, 자신이 없다면 하지 않아도 좋다.

다섯째, 눈 화장은 화장의 핵심이다. 면접관들이 가장 먼저 보는 곳이 눈이기 때문이다. 짙은 눈 화장보다는 눈매가 또렷하게 보일 수 있도록 한다. 아이섀도-아이라이너-마스카라 순으로 메이크업을 해 준다. 아이섀도는 정장의 색상과 어울리는 색상을 선택한다. 진한 스모키 메이크업은 면접관들을 당황하게 할 수 있으므로 주의해야 한다. 아이라이너를 해 주고 관리를 잘 못하면 우스갯소리로 판다가 될 수 있고, 다크서클로

변해 버린다. 아이라이너와 마스카라는 익숙해져야 한다.

여섯째, 입술은 아이섀도의 색과 어울리도록 하는 것이 좋으며, 눈 화장이 진하다면 입술 화장은 다소 약하게 한다. 눈과 입술이 모두 진하다면 나이가 많이 들어 보이면서 지나치게 요란해진다. 20대에는 립글로스로 살짝 반짝임을 주는 것도 좋다.

계절에 따라 정장의 소재와 색상이 바뀌듯이 메이크업도 바뀌는 것이 당연하다. 계절에 맞는 메이크업에 대하여 알아보자.

봄의 메이크업은 새로운 희망을 노래하듯 밝고 화사한 톤으로 피부에 생동감이 있도록 한다. 귀엽고 경쾌하며 로맨틱한 분위기도 좋다. 아이섀도와 입술 색상은 의상과 매치하도록 하지만, 주황색, 핑크색, 노란색 등으로 활력을 넣어 준다.

여름의 메이크업은 강하지 않지만 세련된 이미지를 줄 수 있는 우아하고 지적인 이미지를 연출한다. 여름에는 땀으로 메이크업이 번들거릴 수 있으므로 면접 전에 꼭 수정 화장을 한다. 아쿠아블루, 핑크 계열, 밝은 바이올렛(보라) 계열도 좋다.

가을의 메이크업은 차분하면서도 부드러운 갈색 계열로 우아하게 연출한다. 갈색이 강해지면 나이 들어 보일 수 있으므로 펄이 들어간 골드, 오렌지, 그린 계열이 잘 어울린다.

겨울의 메이크업은 눈매가 또렷한 스타일이 좋다. 모던하지만 댄디한 이미지로 차가워 보이지 않도록 한다. 푸른색 아이섀도는 차가워 보일 수 있으므로 와인색이나 블루그린 등이 좋고, 입술색도 붉은색이 좋다.

청각장애인을 위한 수화 동영상 코너

잘하면 화장, 못하면 분장이라는 말이 있듯이, 메이크업은 얼굴의 결점을 감추고 장점을 살려 아름답게 보이도록 하는 작업이다. 메이크업은 미적 추구의 이유 이외에도, 외부의 먼지와 온도, 습도로부터 피부를 보호하고 자신을 아름답게 꾸밈으로써 당당히 사회생활을 하기 위해서 필요하다. 특히 장애인 여성 중 위축되어 화장을 잘 하지 않는 경향이 있으나, 누구나 화장을 잘 하면 아름다워질 수 있으므로 화장에 신경을 쓰자.

메이크업의 순서에 대하여 알아보자.

첫째, 기초 메이크업 단계가 중요하다. 스킨-에센스-로션-크림-자외선 차단제를 발라 피부를 촉촉하게 정리한다. 이때 번들거리지 않도록 주의한다. 기초를 잘 정리하는 것만으로도 화장의 50%는 완성되었다고 할 수 있다.

둘째, 울긋불긋한 피부나 피부색을 베이스로 보정해 준다. 베이스는 화장이 금방 지워지지 않도록 지속력을 높이는 역할도 한다.

셋째, 파운데이션을 바른다. 면접에서 잡티나 미세한 모공을 정리하고 깔끔한 인상을 주는 데 있어 파운데이션은 중요한 역할을 한다. 얼굴과 목의 색이 확연히 차이가 나지 않도록 목 부분도 자연스럽게 발라 준다.

넷째, 볼터치는 살짝 해 주어 생기와 입체감을 주는 것이 포인트인데, 자신이 없다면 하지 않아도 좋다.

다섯째, 눈 화장은 화장의 핵심이다. 아이섀도-아이라이너-마스카라 순으로 메이크업을 해 준다. 아이섀도는 정장의 색상과 어울리는 색상을 선택한다.

여섯째, 입술은 아이섀도의 색과 어울리도록 하는 것이 좋으며, 눈 화장이 진하다면 입술 화장은 다소 약하게 한다. 20대에는 립글로스로 살짝 반짝임을 주는 것도 좋다.

QR 코드를 찍으면 〈수화 동영상〉 설명을 보실 수 있습니다.

Part 06

액세서리의 활용은 멋쟁이

37
넥타이 선택하기 및 매는 법

17세기 프랑스에서 크로아트 연대의 병사들이 루이 14세의 목에 붉은 스카프를 드리운 것이 파리에서 유행되면서 넥타이가 시작되었다. 사실 넥타이는 특별한 기능은 없으나, 남성의 능력을 대변해 줄 뿐 아니라 격식을 요하는 자리에서는 필수적으로 착용해야 하는 신사들의 상징이다. 넥타이는 유행에 따라 폭이 달라지는데, 양복의 라펠이 넓으면 넥타이 폭도 넓어지고 라펠이 좁으면 넥타이 폭도 좁아진다. 넥타이는 한 장의 실크 원단을 신축성 있도록 사선 방향(바이어스)으로 접어서 140cm 정도의 길이로 만드는데, 고급 수제 넥타이는 천을 절단하지 않고 만들었다는 증거로 타이 뒷면을 펼쳐 보면 실 한 가닥이 남겨져 있기도 하다. 특히 나비 넥타이로 불리는 보우타이(bow tie)는 격식 있는 의식에서 사용할 수 있으며, 검정 타이는 장례식에서 주로 사용된다.

넥타이를 제대로 맨 사람은 깔끔해 보이며 프로다운 인상을 줄 수 있다. 넥타이는 대표적인 남성의 액세서리로 개성이 잘 나타나기 때문에 소재, 색상, 무늬가 너무나도 많다. 처음 정장을 입는 사람에게는 이처럼 다양한 넥타이 중에 어떤 넥타이를 고를지가 쉽지 않다. 하지만 자신에게 맞는 넥타이를 잘 선택하면 이미지가 훨씬 좋아 보이기 때문에 신중하게 코디해야 한다. 넥타이를 선택하는 방법을 알아보자.

첫째, 슈트(양복)와의 매치가 중요하다. 슈트의 색상을 고려하여 넥타이를 선택해야 하는데, 무늬가 있는 넥타이는 무늬 중 한 색상을 슈트의 색상과 동일한 것으로 고른다면 실패 없이 잘 어울리게 된다.

둘째, 면접용 넥타이는 무늬가 크고 화려하지 않은 것이 좋다. 넥타이의 무늬가 크면 산만해 보이고, 무늬가 화려하거나 반짝이가 많으면 넥타이가 기억나지만 사람은 기억나지 않는 경우도 발생한다. 넥타이를 고를 때와 착용하고 거울로 볼 때의 느낌이 다르므로 상대방을 위해 고른다는 생각으로 선택한다.

셋째, 넥타이는 혼방 소재보다는 실크 등의 고급 소재를 선택한다. 넥타이는 실크, 순모, 면, 마, 폴리에스터 등 소재가 다양하지만 V존이 면접자의 이미지를 결정하므로 넥타이만큼은 가격이 다소 비싸더라도 조금 무리해도 좋다. 얼굴이 둥글거나 몸집이 큰 사람은 니트나 면 소재를 하지 않는다. 매듭이 커졌을 때 얼굴이 더 넓어 보이기 때문이다.

신입사원이 착용하면 좋은 넥타이 스타일

넷째, 피부색이 검은 사람이 파스텔 색상의 무늬가 없고 광택이 많은 넥타이를 매면 얼굴이 더욱 검어 보이고, 반대로 피부가 흰 사람은 더욱 희어 보여 나약한 인상을 줄 수 있다. 핑크색, 밝은 보라색, 하늘색 등은 피한다.

다섯째, 넥타이가 너무 넓거나 좁은 것은 피한다. 넥타이가 넓으면 매듭이 커지거나 셔츠의 칼라가 벌어질 우려가 있고, 너무 작으면 가슴의 단추가 보이면서 신중한 인상을 주기 어렵다. 면접관의 연령을 고려하여 디자인은 무난하지만 자신을 돋보일 수 있는 컬러 위주로 선택한다.

넥타이를 매는 방법도 많기 때문에 처음 매는 사람들은 어려울 수 있다. 가장 실용적이고 쉽게 맬 수 있는 포인 핸드 노트, 윈저 노트, 하프 윈저 노트의 세 가지를 알아보자. 넥타이는 드레스 셔츠의 칼라 형태에 따라 매는 방법도 달라져야 한다.

- 싱글 노트라고도 불리는 포인 핸드 노트(four-in-hand knot)는 가장 간단하면서도 완성했을 때 삼각형 모양이 예쁘게 나오기 때문에 가장 많이 사용하는 방법이다. 매듭을 한 번만 해 주기 때문에 목이 굵은 사람들에게도 어울리는 스타일이다. 넥타이를 맨 뒤 보조개처럼 매듭 아래를 조금 들어가게 해 주면 얼굴이 큰 사람이라도 다소 작아 보이는 효과가 있다.

포인 핸드 노트

• 윈저 노트(Windsor knot)는 영국의 윈저 공이 즐겨 매던 스타일로 이름 지어졌는데, 매듭이 넓어 클래식한 느낌을 주며 단정한 스타일로 패션을 앞서는 사람들이 즐겨한다. 매듭을 두 번 짓기 때문에 목이 두껍고 얼굴이 큰 사람은 피해야 한다.

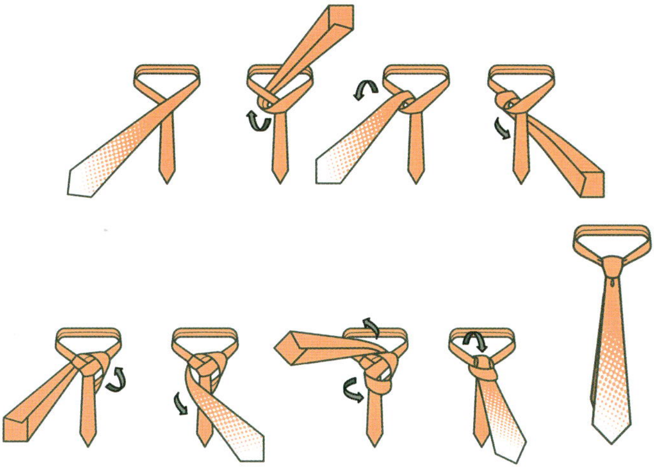

윈저 노트

• 하프 윈저 노트(half Windsor knot)는 좌우로 두 번 돌리는 윈저 노트를 반으로 줄인 매듭법으로, 꽉 조여 주면 삼각형의 매듭이 멋지게 완성되는 스타일이다. 폭이 약간 좁은 넥타이에 잘 맞는 스타일로, 세련되면서 간결한 이미지를 만들어 준다.

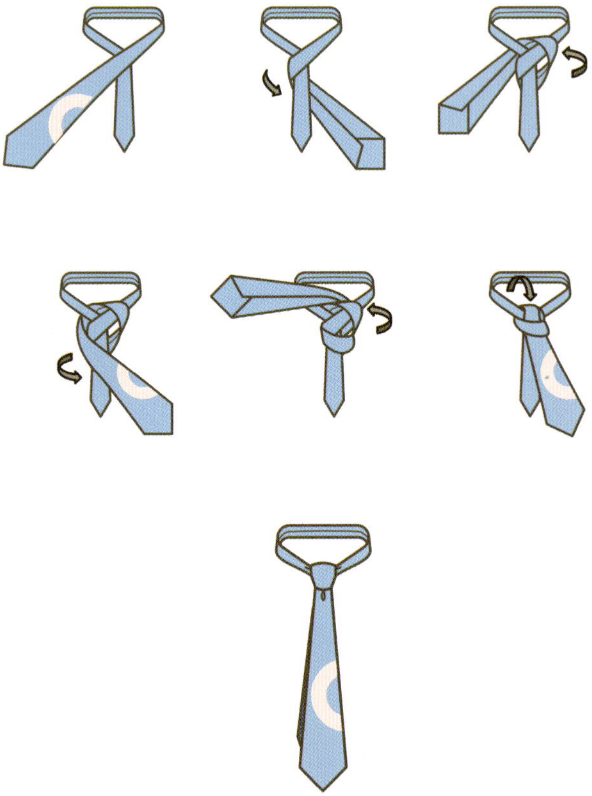

하프 윈저 노트

청각장애인을 위한 수화 동영상 코너

넥타이는 특별한 기능은 없으나, 격식을 요하는 자리에서는 필수적으로 착용해야 하는 신사들의 상징이다. 넥타이를 제대로 맨 사람은 깔끔해 보이며 프로다운 인상을 줄 수 있다. 처음 정장을 입는 사람에게는 너무도 다양한 넥타이를 어떻게 고를지가 쉽지 않다. 하지만 자신에게 맞는 넥타이를 잘 선택하면 이미지가 훨씬 좋아 보이기 때문에 신중하게 코디해야 한다. 넥타이를 선택하는 방법을 알아보자.

첫째, 슈트(양복)와의 매치가 중요하다. 슈트의 색상을 고려하여 넥타이를 선택해야 하는데, 무늬가 있는 넥타이는 무늬 중 한 가지 색상을 슈트의 색상과 동일한 것으로 고른다면 잘 어울리게 된다.

둘째, 면접용 넥타이는 무늬가 크고 화려하지 않은 것이 좋다.

셋째, 넥타이는 혼방 소재보다는 실크 등의 고급 소재를 선택한다. 얼굴이 둥글거나 몸집이 큰 사람은 니트나 면 소재를 하지 않는다. 매듭이 커졌을 때 얼굴이 더 넓어 보이기 때문이다.

넷째, 피부색이 검은 사람이 파스텔 색상의 무늬가 없고 광택이 많은 넥타이를 매면 얼굴이 더 검어 보이고, 반대로 피부가 흰 사람은 더욱 희어 보여 나약한 인상을 줄 수 있다.

다섯째, 타이가 너무 넓거나 좁은 것은 피한다. 면접관의 연령을 고려하여 디자인은 무난하지만 자신을 돋보일 수 있는 컬러 위주로 선택한다.

QR 코드를 찍으면 〈수화 동영상〉 설명을 보실 수 있습니다.

38
남성용 구두 잘 고르고 잘 사용하기

남성의 정장은 변화가 크지 않기 때문에 자신의 개성을 알리기 위해서 구두, 벨트, 넥타이 등 액세서리를 활용하는 경우가 많다. 그런데 정장과 맞지 않는 디자인이나 소재의 구두는 면접을 위해 애써 준비한 정장의 이미지를 손상시킬 수 있기 때문에 구두에 대해서도 자세히 알아볼 필요가 있다.

유럽의 중세 시대에는 구두의 굽이 사회적 신분이나 지위를 나타냈기 때문에 남자들이 높은 굽의 구두를 신었고, 여자들의 구두만큼이나 화려했다. 또한 고급 구두일수록 소재가 부드럽고, 밑창이 종이처럼 얇아 마치 피부처럼 발을 감싸고 있었다. 오늘날에도 유럽에서 고급으로 불리는 정장용 구두는 잘 걷지 않고 주로 차를 타고 다니는 사람들을 대상으로 만들기 때문에 바닥이 얇아 쉽게 닳는다. 하지만 대중적인 신사화는 양가죽이나 소가죽으로 만들며, 많이 걷는 현대인을 고려하여 신발 바닥과 뒤축 고무를 덧대어 기능성과 활동성을 높이고 있다. 구두는 정장과 마찬가지로 꼭 신어 보고 구입해야 한다. 발등이 눌리지 않으면서 발가락이 자유롭게 움직이는지, 부드럽게 신고 벗을 수 있는지 살펴야 피로감을 줄일 수 있다. 또한 구두는 오전보다 오후에 구입하는 편이 좋다. 오후에는 발이 지쳐서 부어 있기 때문에 오전에 산 신발은 발등이 작다는 느낌을 받기 쉽다.

면접용 정장 구두로 가장 대표적인 형태는 끈이 달린 단화인 옥스퍼드 슈즈(oxford shoes)다. 이는 세밀함과 신중함을 부각시키기 때문에 면접 시 착용하는 것이 좋다. 구두의 장식이 많으면 시선이 구두로 쏠리기 때문에 키가 작은 사람은 더욱 작아 보여서 좋지 않다. 멋진 디자인의 구두를 선택했다고 하더라도 잘 닦고 다니지 않아 얼룩이 있다면 깔끔하게 차려입은 신사 정장의 이미지가 무너진다. 면접 시 아무리 바쁘다고 하더라도 신발의 먼지만큼은 꼭 털어 주고 들어가자. 또한 구두를 신을 때는 꼭 구두주걱을 사용한다. 구두의 틀이 무너지는 것은 뒤꿈치에서 시작되므로, 억지로 발을 밀어 넣으면 아무리 튼튼한 가죽이어도 소용이 없다. 뒤꿈치가 망가진 구두를 신은 사람은 신중하지 못하다는 인상을 주기 쉽다.

구두 소재는 대개 광택이 있는 소가죽 또는 양가죽이지만 스웨이드(suede)를 선택하기도 한다. 스웨이드는 소, 염소 따위의 가죽을 보드랍게 보풀린 가죽으로, 고급스러워 보이지만 손질이 쉽지 않다. 예민한 결을 가지고 있어서 일정한 방향으로 먼지를 털어 주고, 묵은 때는 고무 지우개로 지워 주어야 한다. 또 비나 눈에 젖었을 경우에는 마른 수건으로 닦은 뒤 구두 안에 신문지를 넣어 형태를 바로잡아 그늘에서 말린 후 부드러운 천으로 문질러 주어야 얼룩이 생기지 않으며 구두 형태도 변형되지 않는다.

구두 안에 신는 양말은 남성 패션을 완성해 주는 중요한 요소다. 흔히 양복을 처음 입어 보는 경우 양말은 잘 보이지 않기 때문에 크게 신경 쓰지 않게 되는데, 앉아서 면접 시에는 양말이 보이게 된다. 양말은 구두와 바지를 연결시켜 주는 중요한 부분이기 때문에 단절된 느낌이 들지 않도록 너무 진하지도, 그렇다고 너무 밝지도 않은, 바지보다 약간 어두운 색상을 선택한다. 구두를 신고 다리를 꼬고 앉을 경우에도 종아리 등 피부가 보이지 않도록 양말을 길게 신는다. 발목 양말은 양복과는 어울리지 않는다. 또한 흰 양말은 운동할 때 주로 신기 때문에 양복에 흰 양말을 신으면 무좀이 있다는 것을 강조하는 결과가 된다. 이와 같이 양말은 잘 보이지 않지만 그 사람의 옷 입는 센스까지도 알 수 있는 부분이다.

구두와 벨트의 색상과 질감은 통일하는 것이 좋은데, 검은색 구두에 갈색 벨트를 하면 자연스러운 시선의 흐름을 방해할 수 있다. 가장 기본이 되는 구두 색상은 검은색일 수 있으나, 양복의 색상과 어울리는 유사한 색 계열로 코디하는 것이 좋다. 남성용 액세서리라고 할 수 있는 벨트는 잘 하면 더욱 센스 있고 돋보이는 패션이 된다. 특히 광고계나 디자인계 회사를 지원하는 경우에는 구두와 벨트에 신경을 쓴다.

구두를 살 때의 체크 포인트는 다음과 같다.

- 두 발 모두를 신고 똑바로 서서 20~30보 정도 걸었을 때 불편하지 않은가?
- 발끝이 구두 끝에 닿는가?
- 발등이 압박되지 않는가?
- 발등 톱 라인이 벌어지지 않는가?
- 폭이 좁거나 헐렁하지 않은가? 폭이 지나치게 좁으면 발가락이 꼬부라져 변형된다.

청각장애인을 위한 수화 동영상 코너

신사화는 양가죽이나 소가죽으로 만들며, 많이 걷는 현대인을 고려하여 신발 바닥과 뒤축에 고무를 덧대어 기능성과 활동성을 높이고 있다. 구두는 정장과 마찬가지로 꼭 신어 보고 구입해야 한다. 발등이 눌리지 않으면서 발가락이 자유롭게 움직이는지, 부드럽게 신고 벗을 수 있는지 살펴야 피로감을 줄일 수 있다. 또한 구두는 오전보다 오후에 구입하는 편이 좋다. 오후에는 발이 지쳐서 부어 있기 때문에 오전에 산 신발은 발등이 작다는 느낌을 받기 쉽다. 구두와 벨트의 색상과 질감은 통일하는 것이 좋은데, 검은색 구두에 갈색 벨트를 하면 자연스러운 시선의 흐름을 방해할 수 있다. 가장 기본이 되는 구두 색상은 검은색일 수 있다. 여기에 남성용 액세서리라고 할 수 있는 벨트를 잘 하면 더욱 센스 있고 돋보이는 패션이 된다.

끈이 달린 단화는 옥스퍼드 슈즈(oxford shoes)로 불리는데, 세밀함과 신중함을 부각시키기 때문에 면접 시 착용하는 것이 좋다. 구두의 장식이 많으면 시선이 구두로 쏠리기 때문에 키가 작은 사람은 더욱 작아 보여서 좋지 않다.

구두 안에 신는 양말은 남성 패션을 완성해 주는 중요한 요소다. 흔히 양복을 처음 입어 보는 경우 양말은 잘 보이지 않기 때문에 크게 신경 쓰지 않게 되는데, 앉아서 면접을 보는 경우에는 양말이 보이게 된다. 양말은 구두와 바지를 연결해 주는 중요한 부분이기 때문에 단절된 느낌이 들지 않도록 너무 진하지도, 밝지도 않은, 바지보다 약간 어두운 색상을 선택한다. 구두를 신고 다리를 꼬고 앉을 경우에도 종아리 등 피부가 보이지 않도록 양말을 길게 신는다. 발목 양말은 양복과는 어울리지 않는다. 또한 흰 양말은 운동할 때 주로 신기 때문에 양복에 흰 양말을 신으면 무좀이 있다는 것을 강조하는 결과가 된다. 이와 같이 양말은 잘 보이지 않지만 그 사람의 옷 입는 센스까지도 알 수 있는 부분이다.

QR 코드를 찍으면 〈수화 동영상〉 설명을 보실 수 있습니다.

39
남성용 액세서리

남성용 액세서리로는 칼을 허리에 차기 위해서 사용하였던 허리끈에서 변화된 벨트, 그리고 바람을 막기 위해 목에 둘렀던 천에서 변화된 넥타이가 대표적이다. 이 외에도 커프스 버튼, 스틱 핀, 포켓 행커치프, 반지 등이 있다. 이러한 액세서리는 보조 역할이지만 의복을 훨씬 멋지게 완성시킨다. 액세서리를 착용하려면 우선 색상이 통일되어야 한다. 첫인상은 부분으로 인식되는 것이 아니라 머리에서 발끝까지 전체로 받아들인다. 그래서, 가령 은색 세팅이 된 벨트와 금색 세팅이 된 스틱 핀을 같이 사용한다면 반짝거리는 금속이 서로 부조화되어 깔끔한 인상을 주기 어렵다. 따라서 은행이나 금융 계통에 근무하고 싶은 사람은 은색으로 세팅된 심플한 스타일로 통일하여 사용하는 것이 좋고, 영업 계통은 금색으로 세팅된 장식으로 친근함을 나타내는 것이 좋다. 액세서리에 조금 더 욕심을 내어 금속테 안경의 색상도 통일시켜 준다면 완벽한 패션 코디네이션이 될 것이다. 스틱 핀이나 커프스 버튼은 면접에 권하고 싶지 않다. 간단한 커프스 버튼을 소매 끝에 하여 정장 아래로 살짝 비치는 것까지는 좋지만, 큰 것을 사용하면 면접용으로 과하다는 인상을 주기 쉽다.

요즘 귀걸이를 착용한 남성들이 늘어나고 있다. 자신의 취미나 개성이어서 문제가 되지 않지만, 취업 면접에서의 착용은 생각해 보아야 한다. 면접관의 나이가 대체적으로 40~50대임을 감안할 때, 직업에 따라 차이가 있을 수는 있겠지만 귀걸이를 한 남자에 대한 인식이 아직은 개방적이지 않을 수 있으므로 귀걸이는 빼고 면접에 임하는 편이 좋다.

남성 정장의 가슴 주머니에 꽂는 포켓 행커치프(pocket handkerchief)는 포켓 스퀘어(pocket square)라고도 불리는데, 최근에 빠르게 보급되어 슈트에 부착되어 판매되기도 한다. 행커치프는 처음에는 드레스 셔츠와 같은 원단의 것을 사용했으나, 최근에는 넥타이와 비슷한 색상의 것을 사용하는 추세다. 행커치프는 주로 CEO가 착용하거나 파티 또는 공식 행사 등에서 사용하기 때문에 신입 사원이 면접을 위한 코디로 행커치프를 하는 것은 추천하고 싶지 않다. 하지만 방송계나 영업계 등 보다 활동성을 추구하는 분야라면 '티 브이 폴드'와 같이 단순한 형태로 하는 것은 괜찮다. 행커치프를 꽂는 방법도 다음의 그림과 같이 다양하고, 착용하기에도 어렵지 않다. 면접 이외에는 기분 전환을 위해 시도해 보는 것도 재미있을 것이다.

티 브이 폴드
(T. V. fold)

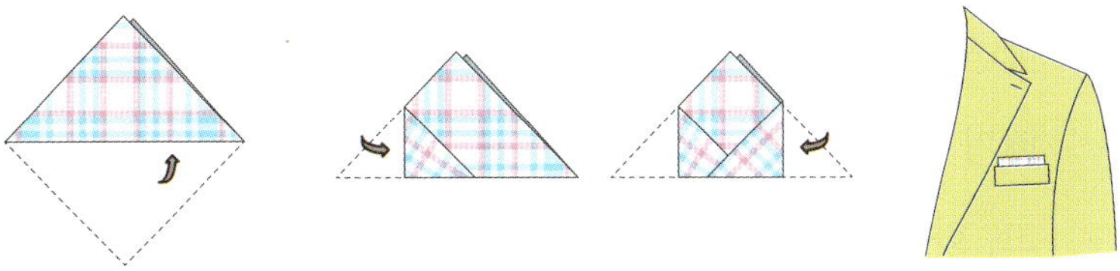

원 피크 폴드
(one peak fold)

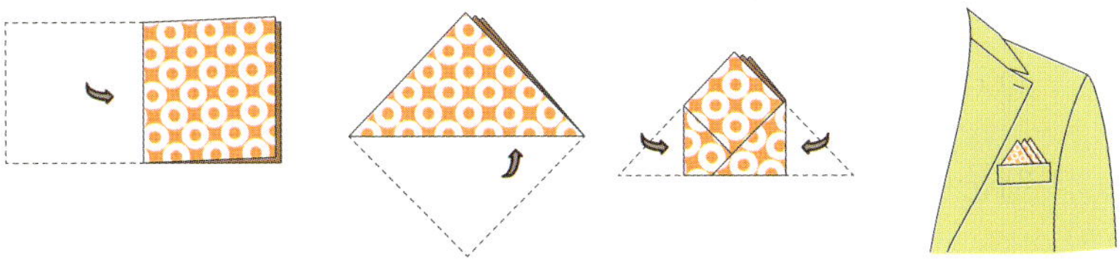

투 피크 폴드
(two peak fold)

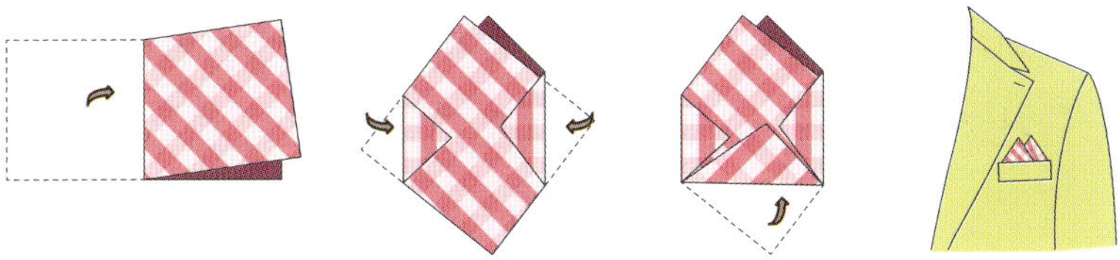

스리 피크 폴드
(three peak fold)

퍼프
(puff)

액세서리의 목적은 자신의 체형 중에서 강조하고 싶은 부위에 적합한 액세서리를 착용하여 시선을 모으는 것이다. 따라서 배가 나온 사람이 화려한 벨트를 착용하면 시선이 배에 집중되고, 화려한 넥타이에 행커치프와 커프스 버튼, 스틱 핀을 모두 착용하면 그 화려함은 여자들의 경우보다 더 과할 수 있다. 액세서리는 원 포인트라는 개념으로 착용한다. 양복은 고가이기 때문에 한 시즌에 여러 벌 장만할 수 없을 뿐더러 그 색상이 거의 어둡기 때문에 눈에 많이 띄지 않는다. 따라서 넥타이와 드레스 셔츠, 액세서리를 번갈아 코디하면 여러 벌과 같은 효과가 가능하다.

청각장애인을 위한
수화 동영상 코너

남성용 액세서리로는 칼을 허리에 차기 위해서 사용하였던 허리끈에서 변화된 벨트, 그리고 바람을 막기 위해 목에 둘렀던 천에서 변화된 넥타이가 대표적이다. 액세서리는 의복을 훨씬 돋보이도록 하기 위해 필요한 만큼 보조 역할로서 복장을 마무리하고 완성하는 것이 좋다. 자신의 체형 중에서 강조하고 싶은 부위에 적합한 액세서리를 착용하면 시선을 집중시켜 장점을 부각시킬 수 있다. 하지만 배가 나온 사람이 화려한 벨트를 착용하면 시선이 배에 집중될 수 있으므로 주의해야 한다. 양복은 고가이기 때문에 한 시즌에 여러 벌 장만할 수 없을 뿐더러 그 색상이 거의 어둡기 때문에 눈에 많이 띄지 않는다. 따라서 넥타이와 드레스 셔츠를 번갈아 코디하면 여러 벌과 같은 효과가 가능하다.

남성용 액세서리에는 벨트 장식, 커프스 버튼, 스틱 핀, 반지 등이 있는데, 우선 색상이 통일되는 것이 좋다. 따라서 은행이나 금융 계통에 근무하고 싶은 사람은 은색으로 세팅된 심플한 스타일로 통일하여 사용하는 것이 좋고, 영업 계통은 금색으로 세팅된 장식으로 친근함을 나타내는 것이 좋다. 액세서리에 조금 더 욕심을 내어 금속테 안경의 색상도 통일시켜 준다면 완벽한 패션 코디네이션이 될 것이다.

남성용 액세서리는 여성에 비하여 많지는 않지만, 최근에는 귀걸이를 하거나 다양한 종류의 액세서리를 선호하는 사람들이 늘어나고 있다. 하지만 남자에게 있어서 액세서리가 화려해지면 좋지 않은 인상을 줄 수 있다. 특히 직장 면접에서 면접관의 나이가 대체적으로 40~50대임을 감안할 때, 직업에 따라 차이가 있을 수는 있겠지만 귀걸이를 한 남자들에 대한 인식이 아직은 개방적이지 않을 수 있으므로 귀걸이는 빼고 면접에 임하는 편이 좋다.

QR 코드를 찍으면 〈수화 동영상〉 설명을 보실 수 있습니다.

40
여성용 액세서리

요즘은 어려서부터 인터넷이나 TV 노출이 많아지고 연예인에 대한 비주얼 정보가 넘치다 보니 유행에 대하여 민감해지고, 예전에 비하여 젊은 여성들의 패션이 세련되었다. 하지만 아직도 대다수의 젊은 장애 여성들은 화장이나 액세서리를 하는 것을 꺼리거나 어떻게 해야 할지 몰라서 못하는 경우가 많다. 메이크업은 처음에는 어색하지만 자신의 단점을 커버해 주기 때문에 안 하는 것보다는 훨씬 효과적으로 예뻐질 수 있다. 색조 화장이 부담스럽다면 피부 톤만이라도 정리하고, 아주 약하게 눈 화장을 하면 젊음이 돋보일 수 있다.

액세서리는 화려해지기 위해 사용하는 것이 아니라 원하는 부분으로 시선을 집중시키기 위해 사용한다는 개념으로 활용해 보자. 액세서리를 착용하기 전에 우선 포인트를 결정해야 한다. 액세서리는 어디에 포인트를 주느냐에 따라 느낌이 많이 달라지기 때문이다. 액세서리 사용의 기본은 원 포인트 전략이다. 목걸이, 귀걸이, 반지, 브로치, 벨트 등 어느 부분에 강조를 할 것인지를 결정해야 하는데, 모두 사용하면 너무 화려해지기 때문에 면접자의 시선이 분산되어 좋은 인상을 심어 주는 데 실패하기 쉽다.

우선 목걸이를 화려하게 하면 상체에 포인트가 주어지기 때문에 키가 작은 사람에게 유리할 수 있다. 반면에 목이 짧거나 굵은 사람이 화려한 목걸이를 하면 목이 더욱 짧거나 굵어 보이기 때문에 유의해야 한다. 따라서 면접에서의 목걸이는 가늘면서도 반짝이고 귀걸이와 비슷한 색상과 이미지를 전달하는 것이 좋다.

귀걸이의 경우 머리 길이에 따라 그 길이와 형태가 달라질 수 있다. 긴 머리에 얼굴도 긴 타원형이라면 늘어지면서 흔들리는 귀걸이는 좋지 않다. 얼굴을 더욱 길어 보이게 하기 때문이다. 따라서 긴 얼굴형은 둥근 원 모양의 방울이나 진주 등이 달려 있는 귀걸이가 부드러운 인상으로 유도한다. 반대로 얼굴이 동그스름한 여성이 큰 귀걸이를 하면 옆으로 얼굴 형태가 확대되어 더욱 동그랗게 보인다. 따라서 귀에 붙는 타입이나 조금은 길게 늘어뜨리는 귀걸이가 좋다.

인상이 차가운 사람의 경우, 은색으로 세팅된 액세서리보다는 금색으로 세팅된 액세서리가 차가운 인상을 부드럽게 해 주어 영업 관련 면접에서 착용하면 좋다. 하지만 금융 계통 등 보다 업무를 빈틈없이 진행할 수 있는 인상을 주고 싶을 경우에는 은색으로 세팅된 디자인이 좋다. 때때로 귀걸이는 금색 세팅, 목걸이는 은색 세팅, 반지는 금색으로 세팅된 액세서리를 착용하는 경우를 자주 본다. 액세서리의 은색은 푸른색을 띠고 금색은 노란색을 띤다. 푸른색과 노란색은 보색 계열이기 때문에 두 색을 동시에 사용하면 깔끔한 정장의 이미지에 어울리지 않는다. 따라서 색상을 통일해야 한다.

클래식한 의상으로 자신의 여성성을 강조해야 하는 경우에는 금 장식이 어울린다. 또한 진주 목걸이와 귀걸이는 우아함을 살려 주기 때문에 오랫동안 사랑받는 액세서리 중의 하나라고 할 수 있다. 스카프도 잘 활용하면 여성적인 이미지 효과를 줄 수 있는데, 면접 시에 인사하는 과정에서 흘러내린다든지 지나치게 화려하면 좋지 않은 인상을 줄 수 있으므로 신중하게 선택하고 착용한다.

펜던트는 중년 여성들이 사용하는 경우가 많은데, 너무 큰 펜던트를 잘못 사용하면 나이가 들어 보일 수 있으므로 주의해야 한다. 하지만 얼굴도 평범하고 복장도 평범할 때 세련된 펜던트를 사용하면 전체적인 분위기를 멋지게 바꾸어 주는 역할을 할 수도 있으므로 잘만 사용한다면 효과를 볼 수 있다.

키 작은 사람이 화려한 벨트를 하는 것은 좋지 않다. 키도 작은데 벨트로 상체와 하체가 확실히 구분되어 키가 더욱 작아 보이기 때문이다. 키가 작은 사람은 허리 근처에 벨트 등의 액세서리를 사용하지 말고, 하이웨이스트 라인의 복장을 하는 것이 좋다. 키가 크고 뚱뚱한 체형의 남성이나 여성의 경우는 벨트를 조금 화려하게 사용하여 허리 라인을 정리하는 것이 좋고, 상의 색상과 하의 색상을 연결시켜 주는 벨트를 사용하는 것도 좋다.

패션을 완성하는 구두는 착용하고 있는 의상과 잘 어울리는 유사한 색의 계통으로 선택하는 것이 좋다. 비슷한 계열로 밝거나 어두운 색상을 선택하는 것이 무난하지만, 지나치게 화려하면 시선이 구두로 쏠리기 때문에 키가 작아 보일 수 있고 얼굴이 아닌 구두만 기억에 남을 수 있기 때문이다.

청각장애인을 위한 수화 동영상 코너

여성이 액세서리를 착용한다는 것은 자신을 돋보이게 하기 위한 좋은 방법의 하나일 수 있다. 액세서리를 착용하기 전에 우선 포인트를 결정해야 한다. 액세서리 사용의 기본은 원 포인트 전략이다. 목걸이, 귀걸이, 반지, 브로치, 벨트 등 어느 부분에 강조를 할 것인지를 결정해야 하는데, 한 곳에 포인트를 주는 것이 좋다.

우선 목걸이를 화려하게 하면 상체에 포인트가 주어지기 때문에 키가 작은 사람에게 유리할 수 있다. 반면에 목이 짧거나 굵은 사람이 화려한 목걸이를 하면 목이 더욱 짧거나 굵어 보이기 때문에 유의해야 한다. 따라서 면접에서의 목걸이는 가늘면서도 반짝이고 귀걸이와 비슷한 색상과 디자인이 좋다.

귀걸이는 머리 길이에 따라 그 길이와 형태가 달라질 수 있다. 긴 머리에 얼굴도 긴 타원형이라면 늘어지면서 흔들리는 귀걸이는 좋지 않다. 긴 얼굴형은 둥근 원 모양의 방울이나 진주 등이 달려 있는 귀걸이가 부드러운 인상으로 유도한다. 반대로 얼굴이 동그스름한 여성이 큰 귀걸이를 하면 옆으로 얼굴 형태가 확대되어 더욱 동그랗게 보인다. 따라서 귀에 붙는 타입이나 조금은 길게 늘어뜨리는 귀걸이가 좋다.

키 작은 사람이 화려한 벨트를 사용하는 것은 좋지 않다. 키도 작은데 벨트로 상체와 하체가 확실히 구분되어 키가 더욱 작아 보이기 때문이다. 키가 작은 사람은 허리 근처에 벨트 등의 액세서리를 사용하지 말고, 하이웨이스트 라인의 복장을 하는 것이 좋다. 키가 크고 뚱뚱한 체형의 남성이나 여성의 경우는 벨트를 조금 화려하게 사용하여 허리 라인을 정리하는 것이 좋고, 상의 색상과 하의 색상을 연결시켜 주는 벨트를 사용하는 것도 좋다.

QR 코드를 찍으면 〈수화 동영상〉 설명을 보실 수 있습니다.

참고문헌

김경호(2009). 이미지메이킹의 이론과 실제. 서울: 높은오름.

김보배(2000). 프로 이미지컨설팅. 파주: 교문사.

김희숙, 이선경, 조신현, 문장은(2009). 스타일메이킹. 파주: 교문사.

김혜경(1999). 신체장애와 특수의복. 파주: 교문사.

나오토 타나카, 사다코 미테라(2007). 유니버설패션(김연희, 바순자, 김금화 공역). 서울: 연세대학교 출판부.

남상근(2003). 시각장애인의 고용 활성화 방안에 관한 연구. 인천대학교 대학원 석사학위논문.

다카시마 데쓰지(2011). 잠자기 전 30분(홍성민 역). 티즈맵.

마틴 셀리그먼(2009). 긍정심리학(김인자 역). 안양: 물푸레.

문은배(2005). 색채의 이해와 활용. 서울: 안그라픽스.

박현숙(2002). 패션이미지메이킹. 서울: 예학사.

이언영(2007). 면접이미지메이킹을 위한 사이버 셀프 패션 코디네이션 시스템의 활용연구. 이화여자대학교 대학원, 박사학위논문.

이연희, 이운영(2002). 현대인의 이미지메이킹. 서울: 청구문화사.

임진이(2010). 청소년기 휠체어사용 지체장애인의 이미지메이킹에 관한 연구. 한국공간디자인학회논문집, 제5권 3호.

임진이(2010). 장애인에게 있어서 이미지메이킹의 중요성에 관한 연구. 한국재활복지대학논문집.

정무성, 양희택, 고선정, 노승현, 안홍철, 송남영, 현종철(2004). 현대장애인복지론. 파주: 학현사.

정삼호, 이현정, 문선정(2009). 장애인을 위한 패션. 파주: 교문사.

진기남, 엄승연(1998). 장애인 취업과 삶의 질 연구. 한국장애인고용촉진공단, 조사연구 98-7.

최영훈, 손계중, 유대석(2004). 색채의 원리와 활용. 서울: 미진사.

한국고용정보원(2011). 한국직업전망서. 한국고용정보원.

저자 소개

임진이

한국재활복지대학 인테리어디자인과 교수

한국유니버설디자인센터 소장

LG패션 비주얼머천다이징팀 실장

홍익대학교 공간디자인 박사

양종국

한국재활복지대학 장애유아보육과 교수

한국적성연구소 상담 및 연구 실장

법무부 팀장

건국대학교 교육심리 박사

성공적인 취업을 위한

진로 계획과 이미지 메이킹

2012년 2월 10일 1판 1쇄 인쇄

2012년 2월 20일 1판 1쇄 발행

지은이 • 임진이 · 양종국

수화 • 고은미 · 라유선

삽화 • 김슬기

펴낸이 • 김진환

펴낸곳 • ㈜ 학지사

121-837 서울특별시 마포구 서교동 352-29 마인드월드빌딩 5층

대표전화 • 02) 330-5114 팩스 • 02) 324-2345

등록번호 • 제313-2006-000265호

홈페이지 • http://www.hakjisa.co.kr

커뮤니티 • http://cafe.naver.com/hakjisa

ISBN 978-89-6330-879-1 93370

정가 14,000원

저자와의 협약으로 인지는 생략합니다.

파본은 구입처에서 바꾸어 드립니다.

이 책을 무단 전재 또는 복제 행위 시 저작권법에 따라 처벌을 받게 됩니다.

인터넷 학술논문 원문 서비스 **뉴논문** www.newnonmun.com